내가 닮고 싶은 예수

당신이 하나님을 더 깊이 알아가고 더 널리 알리는 사람이 되는 것, 이 책에 담겨진 예수전도단의 마음입니다. 말씀을 통해 저자가 깨닫고, 원고를 통해 저희가 누릴 수 있었던 그 감동이 책을 통해 당신에게도 전해지기 원합니다. 그리고 당신을 통해 그 기쁨과 은혜가 더 많은 이들에게 계속해서 흘러가기를 기도하겠습니다. 이 책을 통해 당신이 받은 은혜를 다른 분들에게도 나눠주십시오. 사랑하고 축복합니다.

Copyright © 2007 by Joy Dawson published under the title
"JESUS, THE MODEL. The plumb line for Christian living."
All rights reserved.

Korean Copyright © 2007 by YWAM Publishing Korea

평생 꿈꾸며 바라던 그 모습
내가 닮고 싶은 예수

조이 도우슨 지음
양혜정 옮김

예수전도단

감사의 글

이 주제에 관해 쓰라고 명하시고, 이 글을 쓰는 과정 내내 나를 인도해 주시고 힘 주신 하나님께 깊은 감사를 드린다.

이 책은 내 일곱 번째 책이다. 이 책과 더불어 나의 첫 작품인 「하나님을 경외하는 마음」(예수전도단 역간)에 실린 성경의 진리는 내 삶을 변화시켜 온 가장 강력한 진리였다. 내가 하나님 말씀을 부지런히 연구하는 중에 이 진리들을 드러내 주신 성령님께 진심으로 감사드린다. 내게 절대적으로 필요했던 진리들이다.

이 책을 위해 많이 기도해 준 사랑하는 남편 짐에게도 감사를 전한다. 그는 언제나 하던 일을 멈추고 내 얘기에 귀 기울여 주었고, 책을 쓰는 데 좋은 의견들을 주었다.

또한 손으로 쓴 원고를 컴퓨터에 꼼꼼하고 세심하게 입력해 준 홀리 홀란드에게 감사한다.

이 글을 쓰고, 출판을 준비하는 과정에서 신실하게 중보기도를 해 준 친구들에게도 깊은 감사를 전한다.

연락을 주고받던 스트랭 출판사 직원들도 한결같이 친절하게 대해 주어서 함께 일하는 것이 즐거웠다. 진심으로 감사를 드린다.

　끝으로, 내 귀한 친구 잭 헤이포드 목사에게도 고마움을 전한다. 꽉 찬 일정 가운데서도 시간을 내 아주 멋진 추천의 글을 써 주었다. 내 감사의 깊이를 말로 다 표현하기 어려울 정도다.

차례

감사의 글 · 4
추천의 글 · 8

1장 사역에서 닮고 싶은 예수 · 11
2장 예수는 단호하셨고, 순종하셨다 · 23
3장 예수는 솔직하고 투명하셨다 · 47
4장 가르침에서 닮고 싶은 예수 · 63
5장 친구관계에서 닮고 싶은 예수 · 75
6장 영혼 구원에서 닮고 싶은 예수 · 113
7장 강직함에서 닮고 싶은 예수 · 153
8장 온유함에서 닮고 싶은 예수 · 169
9장 최고의 권세를 지니신 예수 · 185

주 · 193

추천의 글

이 책을 펴는 독자에게 먼저 전하고 싶은 게 두 가지 있다.
먼저는 이 책의 저자 조이 도우슨에 대해 말하고 싶다. 그녀는 말을 허투루 하는 법이 없다. 그녀의 글을 읽느라 시간을 낭비하는 일은 절대로 없을 것이다.
두 번째는 이 글의 주제에 관한 것이다. 예수 그리스도는 모든 삶에서 주 되신다. 그분의 말씀대로 살아간다면, 당신의 삶에는 조금의 낭비도 없을 것이다.
이 두 가지를 기억하고 이 책을 읽어 보자. 그러면 예수님을 통해 표현된 '삶에 대한 하나님의 원래 생각'으로 이끌림을 받을 것이다. 저자는 그 '생각'이 우리 삶에서 어떻게 적용되고, 효과적으로 열매 맺는지 깨닫도록 도와줄 것이다. 그리고 예리하고 날카롭게 그 길을 인도해 줄 것이다.
조이 도우슨의 가르침이 수많은 이들에게 미친 영향과 그 삶을 관찰해 오면서, 나는 그녀의 가르침에 귀 기울이는 것이 얼마나 현명한 일인지 확신하게 됐다. 조이 도우슨은 사역을 할 때 사람들에게 감명을 주는 데서 그치지 않는다. 그녀는 영원한 흔적을 새긴다. 그리고 직선적이고 솔직하면서도 따뜻하게 사람들을 끌어들이면서 성령님의 은혜를 경험하게 한다. 마음을 열고 그 말에 귀 기울인다면, 우리 마음과 머리에 예수님의 형상이 새겨질 것이다!

예수님을 분명하게 소개하는 글을 읽을 때 독자는 '종교적인 차원'을 넘어 친밀한 '관계'로, 생명의 말씀으로, 모든 것을 성취하신 분께로, 삶의 변화로 옮겨 간다. 이 책에는 우리 본이 되시는 예수님의 삶과 인격, 그리고 우리 삶의 주인이신 예수님의 능력, 이 두 가지가 완벽하게 펼쳐져 있다. 조이는 이론과 설교를 던지는 게 아니라 우리가 그것을 이해하고 적용하기를 바란다.

자, 그러면 처음에 제안한 두 가지 전제를 다시 한 번 읽어 보라. 당신은 시간을 내어 이 책을 읽었음에 만족하고, 또 예수님의 아름다움과 그분의 능력으로 흡족할 것이다.

당신 안에 계신 그리스도께 영광의 소망을!

잭 헤이포드
국제오순절교회 대표, 킹스(The King's) 대학 및 신학교 총장

Jesus
The Model

1장

사역에서 닮고 싶은 예수

　　　　　이 책의 주제는 당연히 내가 좋아하고 환호하는 내용이다. 세상에서 가장 멋지신 분, 우리 영혼을 사랑하시는 주 예수님에 관한 것이기 때문이다. 그분을 알아 가는 것은 경이와 놀라움, 경외심과 호기심의 끝없는 여정이다. 그분의 성품은 흠도 없고 변덕도 없다. 그분 안에 있는 신비는 그분을 나타내는 또 하나의 모습이다. 그분은 어느 누구와도 같지 않다.

　우리가 반드시 알아야 할 것은, 예수님을 알아 가는 목적이 그분과 친밀한 우정을 나누며, 다른 이들에게 그분을 알리기 위함이라는 것이다. 그러나 그보다 더 중요한 것은 우리가 그분의 형상을 닮아 가는 것이다. 그것은 일종의 거래다. 사실 우리에게는 분에 넘치는 거래다. 하나님 편에서 볼 때 우리가 존재하는 첫 번째 목적은 우리가 그분의 아들의 형상을 닮아 가는 것이다(롬 8:28-29). 얼마나 대단한 계획인가! 우리 편에서 볼 때는 또 얼마나 원대한 목표인가!

로마서 8장 28절은 우리가 자주 인용하는 말씀이다.

> 하나님을 사랑하는 자 곧 그의 뜻대로 부르심을 입은 자들에게는 모든 것이 합력하여 선을 이루느니라.

그러나 많은 경우 바로 그 다음에 오는 29절 말씀은 눈여겨 보지 않는다.

> 하나님이 미리 아신 자들을 또한 그 아들의 형상을 본받게 하기 위하여 미리 정하셨으니 이는 그로 많은 형제 중에서 맏아들이 되게 하려 하심이니라.

이 말씀이야말로 우리가 언제나 삶의 목표로 두어야 하는 말씀이다.

나는 예수님의 삶을 연구하면 할수록, 그리스도의 몸인 우리가 하나님이 말씀하신 삶의 청사진에서 얼마나 멀리 떨어져 있는지 발견하고는 섬뜩 놀라곤 한다. 이 말씀이 필요 없다고 생각한다면, 그것이 바로 우리에게 이 말씀이 얼마나 절실히 필요한지 드러내는 것이다.

불신은 "난 결코 예수님처럼 살 수 없어"라고 말한다.

오만은 "내게 더 좋은 방법이 있어." "난 대가를 지불하고 싶지 않아"라고 말한다. 그러나 겸손과 믿음은 "난 예수님이 이 땅에 계실 때 인자로서 보여 주신 삶의 원칙대로, 그분이 아버지와의 관계에서 보여 주신 그 방법대로 살기로 결정할 거야"라고 말한다. 이것이야말로 최고의 도전이자 인생 최고의 목표다!

우리는 예수님처럼 될 수 있다. 그 기적을 우리 안에 이루어 내실 분은 단 한 분이다. 바로 존귀하신 성령님이다. 사실 그분은 최고의 전문가시다. 우리는 날마다 그분께 굴복하고 전적인 통치를 청하며 그분의 권고에 순종하면서 점점 그리스도를 닮아 갈 것이다.

예수님이 이 땅에 오신 이유

예수님이 지상에서 보이신 삶은 모든 그리스도인을 위한 본보기로서 인간 역사에 유일무이하다. 우리는 그분의 삶을 훑어보는 데 그쳐서는 안 된다. 하나님 말씀을 근거로 그분의 삶을 철저하게 연구하고 이해해야 하며, 그분의 삶의 원칙들을 우리 삶에 적용해야 한다.

우리는 꾸준히 그분과 함께하는 시간을 보내면서 그분을 예배하고 그분의 음성을 들어야 한다. 그리고 무엇보다 즉시, 기쁨으로, 마음을 다해 그분의 말씀에 순종해야 한다. 그러면 우리는 점차 그분을 닮아 갈 것이다.

> 우리가 다 수건을 벗은 얼굴로 거울을 보는 것같이 주의 영광을 보매 그와 같은 형상으로 변화하여 영광에서 영광에 이르니 곧 주의 영으로 말미암음이니라(고후 3:18).

시편 기자는 "내가 주의 권능과 영광을 보기 위하여 이와 같이 성소에서 주를 바라보았나이다"(시 63:2)라고 말한다. 무언가를 '바라보고도' 거기에 무심하기란 불가능하다. 하나님은 그분에게 무심한 자들에게는 상을 주시지 않고, 부지런히 그분을 찾는 자들에게 상 주신다.

예수님은 인자로서 이 땅에 오신 목적을 이루시기 위해 하나님 아들의 모든 권리를 포기하셨다. 그분은 신성의 기능까지 내려놓으셨지만 신성의 본질은 유지되었다.

우리는 예수님이 이 땅에 오신 이유를 기억해야 한다.

- 예수님은 우리에게 하나님이 어떤 분이신지 보여 주시기 위해 오셨다.

> 이는 하나님의 영광의 광채시요 그 본체의 형상이시라(히 1:3).

- 예수님은 십자가에 달려 죽으심으로 세상의 죄를 대속하시기 위해 오셨다.

이 구속의 역사는 죄를 회개하고, 예수님을 구주로 모셔 들이며, 예수님을 삶의 주인으로 섬기는 자들의 것이다.

- 예수님은 사탄의 일을 멸하시기 위해 오셨다.

　　하나님의 아들이 나타나신 것은 마귀의 일을 멸하려 하심이라(요일 3:8).

- 예수님은 우리가 어떻게 살아야 하는지 보여 주시기 위해 오셨다.

　우리는 바로 여기서 예수님이 왜 신성을 내려놓고 이 땅에 인자로 오셨는지 이해할 수 있다. 예수님이 그렇게 하지 않으셨다면 우리는 어떻게 살아야 하는지 몰랐을 것이다. 예수님은 우리가 어떻게 해야 그분을 닮아 갈 수 있는지 알고 싶어 하셨다.

　　이를 위하여 너희가 부르심을 받았으니 그리스도도 너희를 위하여 고난을 받으사 너희에게 본을 끼쳐 그 자취를 따라오게 하려 하셨느니라(벧전 2:21).

　예수님이 이 땅에서 무엇을 행하셨으며 어떻게 행하셨는지 이해하지 못한다면 어떻게 그분의 자취를 따라갈 수 있겠는가? 예수님이 우리에게 그분의 발자취를 따라오라고 말씀하시는 것을 보면, 그분이 우리에게 능력을 주셔서 우리가 그분이 사신 것처럼 살게 해 주실 것임에 틀림

없다. 우리는 예수님이 어떻게 사셨는지 살펴볼 것이다. 우리에게 스승은 많을지 모르나 삶의 본이 되시는 분은 단 한 분뿐이다.

> 그의 안에 산다고 하는 자는 그가 행하시는 대로 자기도 행할지니라(요일 2:6).

수많은 그리스도인의 마음속에는 회개를 통해 제거해야 할 불신의 거대한 돌덩이가 있다. 그것은 우리가 예수님처럼 살 수 있음을 믿지 못하는 불신의 돌덩이다.

나사로가 죽은 자 가운데서 나오기 전에 예수님이 뭐라고 말씀하셨는가? "돌을 옮겨 놓으라. 그러면 내 영광을 보리라." 우리는 회개를 통해 우리 마음속 불신의 돌덩이를 옮겨 놓아야 한다. 그래야 성령님의 능력을 통해 실제로 예수님처럼 살 수 있다. 우리를 그렇게 만드실 능력이 예수님께 없었다면 그분은 결코 우리에게 그렇게 하라고 말씀하지 않으셨을 것이다. 그건 부당하기 때문이다.

우리 삶에 많은 스승이 있다는 건 기쁜 일이다. 제자로 훈련받을 수 있는 기회가 있다는 뜻이기 때문이다. 삶의 본 되시는 유일한 주님을 다른 스승들이 결코 대신하지 못한다는 사실을 깨닫기만 한다면 말이다. 스승으로서 우리를 이끌어 주는 사람들의 삶을 본으로 삼는다면, 그것은 우상숭배다. 하늘을 떠나 이 땅에 오셔서 어떻게 살아야 하는지 보여 주신 분은 단 한 분밖에 없다. 그분은 바로 아름다우신 하나님의 아들이시다.

내가 해외에서 사역할 때의 일이다. 나는 제자훈련을 받고 있던 사람들을 대상으로 일주일 내내 강의를 했다. 그곳에는 한 리더가 20대 청년들에게 스승의 역할을 하고 있었다. 그들 중에는 잠재적인 지도력을 가진 젊은이들도 꽤 있었는데, 특히 한 청년의 잠재적인 지도력은 남들보다 뛰어났다. 나와 리더는 그 사실을 알고 있었고, 물론 하나님도 알고 계셨다.

새벽 두 시 반, 깊은 잠에서 깼을 때 나는 하나님이 어떤 목적이 있어 나를 깨우셨음을 즉시 깨달았다. 정신이 바짝 들었다. 나는 곧 일어나 하나님께 물었다. "하나님, 무슨 일이죠? 제가 어떻게 하기를 원하시나요? 기도할까요? 말씀해 주세요. 무슨 일이죠?" 그러자 내 영에 또렷이 이런 말이 들렸다. "엄청난 잠재력을 가진 그 청년에게 가서 이렇게 전해라. '너를 이끌고 있는 이 땅의 리더를 본받지 마라. 그렇게 하면 너는 그의 장점과 약점을 다 본받게 된다. 오직 주 예수 그리스도만이 너의 본이 되시니 그만을 본받아 살아라.'"

다음 날 나는 그 청년에게 이 말을 전했다. 그 청년은 내 말에 귀를 기울였다. 그리고 지금 그는 수년간 수많은 이들을 이끄는 리더가 되었다. 예수님을 우리 본으로 삼는 것이 얼마나 중요한지 깨닫게 한 일이었다.

- 예수님은 우리의 생명이 되기 위해 오셨다.

예수님이 "내 발자취를 따라 내가 한 대로 행하라"고 우리에게 말씀하시면, 대개 우리는 "어떻게? 우리는 흙으로 빚어진 하찮은 피조물일 뿐이고 그분은 무한의 하나님이신데"라고 반응한다. 물론 그렇다. 하지만 기억하라. 예수님은 신성의 기능을 포기하시고 신성의 본질을 유지하시면서 하나님 아버지께 모든 것을 전적으로 의지하고 사셨다. 예수님은 우리에게 어떻게 살아야 하는지를 보여 주시기 위해 오셨다. 핵심을 짚자면 이렇다. "내가 온 다섯 번째 이유는, 내가 네 안에 거하면서 너를 통해 일어나는 모든 일에 대한 유일한 설명이다. 이것을 깨닫지 못하면 넌 내가 이 땅에서 산 삶대로 살 수 없을 것이다."

바울은 이 원리를 남다르게 이해했다. 그래서 "이 비밀은 너희 안에 계신 그리스도시니 곧 영광의 소망이니라"(골 1:27) "그런즉 이제는 내가 사는 것이 아니요 오직 내 안에 그리스도께서 사시는 것이라"(갈 2:20)는 고백이 가능했던 것이다. 바울은 자신의 삶에 대한 유일한 설명은 오직 다메섹 도상에서 만난 살아 계신 주 예수 그리스도뿐이라고 말했다. 우리는 부당하게 우리에게 상처 입히는 자들을 온전하게 용서하지 못한다. 사랑스럽지 않은 자들도 온전하게 사랑하지 못한다. 오직 우리 안에 계신 예수님의 생명이 성령을 통하여 그것을 가능케 한다.

나는 내 삶에서 예수님을 떠나서 일어나는 일은 아무것도 없다고 말할 수 있다. 나는 삶의 하루를 시작할때, 그리고 하나님의 말씀을 가르치기 전에 "예수님, 제 안에 계신 당신의 생명 외에는 그 무엇도 제게 소중하지 않습니다"라고 말한다. 매일 아침 정신이 들자마자 나는 "제 안에 계신 주 예수님, 일어나셔서 오늘 저를 통해 당신의 삶을 살아 주세요"라고 고백한다. 그리고서 이렇게 기도한다. "제 머리를 통해 생각하시고, 제 눈을 통해 보시며, 제 입을 통해 말씀하시고, 제가 당신의 음성을 듣게 하시며, 제 마음을 통해 사랑하시고, 제 손을 통해 만지시며, 제 발을 통해 걸어 주세요. 주님만이 오늘 저를 통해 일어나는 일의 유일한 설명이 되도록 해 주세요."

나는 예수님 없이는 어떤 영적인 일도 하지 못한다(요 15:5)고 믿기 때문에 그분이 내 안에 자리를 잡고 주도권을 갖지 않으시면 나는 철저하게 파탄과 곤궁에 빠진다고 말씀드린다. 예수님이 운전석에 앉아 내 삶을 완전히 통치하지 않으시면, 내가 얼마나 많은 사역에 발을 들이고 있건 아무런 영적인 일도 일어나지 않는 것이다.

예수님이 영광 받으실 다른 방법은 없다. "내 속 곧 내 육신에 선한 것이 거하지 아니하"(롬 7:18)며 "주님밖에는 나의 행복이 없"(시 16:2, 표준새번역)기 때문이다. 그리스도인의 삶에서 모든 수고를 덜어 주는 것이 바로 이 진리임을 알겠는가?

오래전 이 진리는 내 모든 삶, 특히 내 기도의 삶을 완전히 뒤바꾸어 놓았다. 그 진리를 깨닫고 난 후 나는 사역을 하기 전에 "저는 하지 못하나 당신은 하실 수 있습니다. 예수님, 저는 전적으로 당신께 기대고 있습니다. 주님이 넘어지시면 저도 함께 넘어집니다. 당신이 저를 온전히 통치하시리라 믿습니다. 그렇게 하실 것에 감사드립니다"라고 고백하게 되었다.

예수님의 사역

예수님의 사역은 세 가지 부문으로 나뉜다.

- 회당에서 가르치심
- 사람들이 있는 곳에서 복음을 전하시고, 그들의 마음과 몸과 정신과 영의 필요를 만족시키심
- 제자를 삼고 그들을 양육하심

우리가 영적 지도자의 자리에 서도록 부르심을 받았다면, 우리 삶이 예수님의 삶과 일치하는지 살펴보아야 한다. 물론 영적 리더십에는 훈련이 필요하다. 속성과정이란 없다. 그러나 우리는 예수님이 본으로 보여 주신 사역들을 분명한 견지에서 이해해야 한다.

「입체로 본 그리스도의 생애」(*The Life of Christ in Stereo*)라

는 책이 있다. 이 책은 아주 독특한데, 저자들은 많은 수고를 들여 사복음서에 서술된 특정 사건과 예수님 생애의 중요한 면 모두를 뽑아내고, 그 사건 당시에 예수님 행동의 한 측면을 보여 주는 진리를 하나하나 결합했다. 마태복음 11장 1절, 누가복음 9장 6절, 마가복음 6장 12-13절이 어떻게 입체적으로 결합되는지 살펴보자.

> 예수께서 열두 제자에게 명하기를 마치시고 그곳을 떠나 여러 동네에서 가르치시고 전도하셨다. 제자들은 나가 각 촌을 두루 다니며 곳곳마다 복음을 선포하고 병을 고쳤다. 그리고 회개하라고 전하고 많은 귀신을 쫓아내며 많은 병자에게 기름을 발라 그들을 고쳤다.[1]

아름답지 않은가? 사역하시는 예수님의 모습이 담긴 주옥 같은 장면이다. 이것이 바로 우리가 해야 할 일이다. 우리가 이 일을 하고 있지 않다면, 우리는 예수님이 우리에게 오신 목적을 달성하지 못하고 있는 것이다.

Jesus
The Model

2장

예수는 단호하셨고, 순종하셨다

　　　　　　　　예수님의 사역을 살펴보는 것은 매우 중요하다. 다른 사람들이 무엇을 하는지, 어떻게 하는지 면밀히 검토하지 않는다면 어떻게 그들처럼 될 수 있겠는가? 우리가 사람들에 대해 더 잘 알아 가는 것은 그들이 하는 말을 통해서가 아니라 그들이 어떻게 사는지 보는 것을 통해 가능하다. 그들이 하나님과 사람들, 그리고 환경에 어떻게 반응하는지, 그리고 그들 삶의 우선순위가 어디에 있는지를 살펴보면서 그들을 알아 가는 것이다.

　예수님의 사역을 논하기 전에 짚고 넘어갈 것이 있다. 그분의 지상사역에는 지루한 면이 전혀 없었다는 점이다. 예수님의 사역은 언제나 신선하고 혁신적이며 인간적이었다. 그것은 예측 불가능했고, 예기치 못한 일들의 연속이었다. 반면 대부분의 그리스도인들이 모일 때 일어나는 일은 이와 다르다! 무슨 말인가? 예수님의 사역 방법과 우리의 방법에 명백한 차이가 있다는 것이다. 우리는 하던 일을 멈추고 그분을 기다리는 것부터 시작해야 한다. 모든 일에서 하나님의 구체적인 지시를 구하고 받을 필요가 절실한 것이다. 우리의 예배와 모임이 늘 예상대로라면 이는 틀에 박혀 있다는 뜻이다. 그리고 예수님이 우리에게 본으로 보여 주신 원칙을 바탕으로 행하지 않는다는 뜻이기도 하다. 예수님 사역의 두드러진 특징들을 연구하면서 이 중요한 사실을 염두에 두기 바란다.

예수님은 사역하실 때 단호하셨다

예수님에게는 아버지께 받은 임무를 성취하려는 강한 의지와 성실성(single-mindedness), 그리고 강한 목적의식이 있었다.

> 아버지께서 내게 하라고 주신 일을 내가 이루어 아버지를 이 세상에서 영화롭게 하였사오니(요 17:4).

예수님은 어떤 대가를 치르더라도 하나님의 뜻에서 엇나가지 않으려고 하셨다. 예수님이 곧 십자가에 달릴 것이라고 말씀하셨을 때 베드로는 "그건 주님의 역할이 아니지 않습니까! 주님은 왕으로서 쳐들어가고 정복하여 우리를 로마의 통치에서 해방시키셔야 하지 않습니까!" 라고 말했다. 그러자 예수님은 이렇게 대답하셨다. "사탄아 내 뒤로 물러가라 너는 나를 넘어지게 하는 자로다 네가 하나님의 일을 생각하지 아니하고 도리어 사람의 일을 생각하는도다"(마 16:23). 그리고 갈보리로 가기로 굳게 결심하셨다.

우리를 향한 하나님의 목적을 달성하려면 이같이 단호한 결심이 필요하다. 그 목적은 우리 모두에게 동일하다. 바로 그리스도를 닮아 가는 것이다. 그분을 알고 그분을 알리는 것이다. 우리가 그분을 알아 가는 데 시간을 들이지 않은 채 무작정 그분을 알리려고 한다면, 그리고 그분이 우리 삶에 대한 유일한 설명이 아니라면 무슨 일이 벌어지는지 아는가? 우리는 사람들에게 예수님을 왜곡시켜서 보여 주게 된다.

예수님은 사역하실 때 겸손하셨다

예수님의 사역에서 두드러진 두 번째 특징은 겸손이다. 겸손은 왜 그분이 그토록 단호하게 십자가의 길을 가셨는지 설명해 준다. 나는 이 문장을 큰 글자로 진하게 쓰고 밑줄도 긋고 별표도 달았으면 좋겠다. 예수님의 생애에서 가장 중요한 열쇠이기 때문이다. 그리고 이것은 우리 삶의 열쇠가 되어야 한다. 겸손은 예수님이 아버지를 대하시던 방법에서 다섯 가지 모습으로 표현되었다.

● 예수님은 아버지께 전적으로 복종하셨다

성경은 예수님이 아버지께 복종하신 첫 번째 공적 행동이 기적을 행하신 것이 아니라고 말한다(눅 3:21-22). 예수님이 아버지께 복종하신 첫 번째 공적 행동은 물속에 들어가 세례를 받으신 것이었다. 이 복종의 행동 직후, 비둘기가 그분 위에 강림했으며, 이것은 그분이 공생애를 위해 성령으로 능력을 입는 표적이었다. 만약 우리가 예수님처럼 물세례를 받지 않은 채 나가서 사역할 수 있다고 생각한다면, 성령의 능력을 덧입을 필요가 없다고 생각한다면 이 얼마나 오만한 생각인가?

에베소서 5장 18절에서 우리는 성령으로 능력을 입으라는 명령을 받는다. 여기서 능력을 입으라, 또는 충만을 받으라는 동사는 현재진행형 시제다. 원래 헬라어로는 "계속하여 성령으로 충만하게 되라"는 뜻이다. 이것이 바로 내가 자주 하나님께 성령으로 채워 달라고 구하고, 또한 내 마음에 아직 다루지 못한 죄가 있는지 보여 달라고 구하는 이유다. 하나님은 거룩한 영이시기 때문이다. 그분은 더러운 그릇을 채우시지 않는다. 죄는 아름다운 주님과의 친밀함으로부터 우리를 갈라놓기 때문에 우리는 삶 속에 아직 다루어지지 않은 죄가 있는지 살펴보아야 한다.

죄에 대한 자각이 우리의 가장 큰 축복 가운데 하나임

을 아는가? 그것은 우리의 몸과 마음과 정신과 영에 가장 파괴적인 세력을 없애는 데 도움을 준다. 죄는 예수님의 삶이 우리를 통해 다른 사람들에게 드러나는 것을 막는다. 그러므로 죄를 자각하는 것은 우리에게 가장 큰 유익이다.

나에게 이런 말을 하는 사람들이 있다. "조이, 당신 설교를 듣고 나니 죄책감이 생겨서 다시는 듣고 싶지 않아요." 그러면 나는 그저 미소를 짓고 대답한다. "글쎄요, 그건 듣는 분의 권리죠. 괜찮아요. 스스로 선택할 권리가 있잖아요." 이 귀한 사람들은 하나님이 정신적, 육체적, 감정적, 영적으로 우리를 파괴하는 것들에 대해 가책을 느끼게 하심으로써 우리에게 가장 큰 유익을 주고 계심을 이해하지 못한다.

나는 하나님 말씀에서 삶의 기준을 발견하고 우리가 무엇을 회개해야 하는지 더 잘 알게 해 줄 만한 성경교사와 저자들을 부지런히 쫓아다닌다. 그리고 어떻게 하면 그리스도를 더 닮아 갈 수 있는지 깊이 이해하도록 도전할 만한 사람들을 찾아다닌다.

다시 복종의 문제로 돌아가서, 예수님은 "내가 아무것도 스스로 할 수 없노라 듣는 대로 심판하노니 나는 나의 뜻대로 하려 하지 않고 나를 보내신 이의 뜻대로 하려 하므로 내 심판은 의로우니라"(요 5:30)고 말씀하셨다. 예수님은 자신을 위해 오신 것이 아니라 아버지께 복종하려고 오셨다. 예수님은 "오늘은 무엇을 할까?"라고 생각할 필요 없이 새벽마다 일어나 그날 할 일을 아버지께 구하셨다(막 1:35).

내 삶을 위한 결정을 내가 내려야 한다면 아마 난 신경 쇠약에 걸리고 말 것이다. 나는 단지 약하고 콩알만 한, 흙으로 빚어진 유한의 피조물에 불과하다. 나는 무엇이 내게 가장 좋은지 모른다. 예수님께 복종해야 안심이 된다. 나는 그저 미미한 양일 뿐이지만 예수님은 위대하신 목자이기 때문이다. 삶의 모든 것을 그분께 드림으로써 자신에게 유익이 되게 해야 한다.

• 예수님은 아버지께 전적으로 의존하셨다

> 내가 진실로 진실로 너희에게 이르노니 아들이 아버지께서 하시는 일을 보지 않고는 아무것도 스스로 할 수 없나니 아버지께서 행하시는 그것을 아들도 그와 같이 행하느니라(요 5:19).

예수님은 아버지의 행하심을 보고 아버지의 말씀을 들은 것 외에는 결코 아무 일도 하지 않으셨다. 그것이 바로 예수님이 그렇게 많은 시간을 홀로 하나님과 보내신 이유다. 우리는 일생에서 평균 어느 정도의 시간을 하나님과 함께하는 데 보내는가?

남편과 나는 지난 50년 동안, 작은 일에서나 큰일에서나 하나님을 부지런히 찾는 중에 하나님이 우리에게 하신 말씀과 그것을 우리에게 사용하신 방법을 일기에 기록해 왔다. 우리는 무엇이 우리에게 가장 좋은지 모른다. 설교 청탁 가운데 어느 것에 응하고 어느 것을 거절해야 할지 모른다. 어느 곳이 휴가를 보내기에 가장 좋은 장소인지도 모른다. 인간관계에서 어려운 상황에 처할 때 항상 대처할 수 있는 지혜가 있는 것도 아니다. 하지만 감사하게도 하나님께는 있다. 그리고 하나님은 지혜를 우리에게 주겠다고 약속하셨다(약 1:5).

예수님은 "내가 스스로 아무것도 하지 아니하고 오직 아버지께서 가르치신 대로 이런 것을 말"(요 8:28)한다고 하셨다. 또 "나는 내 아버지에게서 본 것을 말"(요 8:38)한다고 하셨다. 예수님은 기다려서 보고 듣고 난 후에야 행하셨다.

많은 그리스도인들이 무언가에 대한 답을 얻고자 하나님 앞에서 몇 분간 기다린 후 이내 포기해 버리곤 한다. 정말 애처롭기 짝이 없다! 이것이 바로 교회가 상대적으로 너무나 무기력하고 무능하며 예수님을 왜곡되게 보여 주는 이유다. 바로 그들 자신이 삶에서 일어나는 일들에 대한 설명이기 때문이다.

나는 오늘날 그리스도의 몸에서 일어나는 가장 큰 죄 중 하나가 추정(presumption)의 죄라고 확신한다. 그것은 하나님의 영원한 목적이 이 땅에서 이루어지는 것을 방해하고, 궁극적으로는 왕의 오심을 미룬다. 나는 이 죄에 대해 깊이 통탄하며, 그래서 세계 전역의 그리스도의 몸이 하나님이 보시는 대로 이 죄를 보도록 구하는 것이 중보 기도의 주된 내용이다.

이것에 관해 다윗이 어떻게 말했는지 아는가? 다윗은 우리가 알다시피 위대한 하나님의 사람이요 뛰어난 지도자였지만, 시편 19편을 보면 그의 가장 큰 죄 가운데 하나는 추정의 죄였다. 그의 생애를 연구하면 여러 경우에서 이 죄로 인한 참담한 결과가 있었음을 발견한다.

> 또 주의 종에게 고의로 죄(presumptuous sin: 무례하고 뻔뻔스러운 죄라는 뜻과 추정, 어림짐작의 죄라는 뜻이 모두 포함됨 – 역주)를 짓지 말게 하사 그 죄가 나를 주장하지 못하게 하소서 그리하면 내가 정직하여 큰 죄과에서 벗어나겠나이다(시 19:13).

인생 후기에 다윗은 추정의 죄가 하나님의 관점에서 어떤 것인지를 깨달았다. 우리에게도 동일한 깨달음이 있기를 바란다.

나는 내 삶을 향한 하나님의 부르심 때문에 영적 지도자들과 많은 시간을 보내 왔다. 그리고 평생 동안의 그 만남들을 돌아볼 때, 영적 지도자들이 마음으로부터 "제가 추정의 죄를 짓지 않게 하옵소서. 그리하시면 제가 정직하여 큰 죄과에서 벗어나겠나이다"라고 부르짖어야 한다고 생각한다. 이 죄가 초래하는 참담함을 빈번하게 봐 왔기 때문이다.

내게는 영적 지도자들이 찾아와 상담하는 일이 아주 잦다. 그들이 몇 번이고 똑같이 자신의 문제와 혼란을 이야기할 때마다 나의 첫 질문은 이렇다. "그 특정 상황에서 행동하기 전에, 먼저 하나님이 응답하실 때까지 주님을 찾으셨나요?" 그리고 결혼한 부부와 상담할 때는 아내가 남편만큼 강하고 분명한 하나님의 인도를 경험했는지 묻곤 한다. 대부분의 경우에 그들은 내게 긍정적인 대답을 주지 못한다. 추정의 죄가 빚, 좌절, 실패, 방황이라는 문제의 밑바닥에 깔려 있는 것이다.

언젠가 나를 찾아와 이렇게 말한 사람이 기억난다. "아주 유명한 교회에서 6년을 섬겼는데, 그때가 제가 그리스도를 섬긴 시간 중 가장 비참한 시간이었습니다. 왜 그런지는 도무지 모르겠습니다."

나는 그가 비판적인 사람이 아니라는 것을 알고 있었다. 그 교회의 목사님이 하나님의 신실한 사람이라는 것도 알고 있었다. 그 교회가 국제적으로 하나님께 크게 사용되고 있음도 알았다.

나는 그에게 물었다. "그 교회에서 일해 달라는 초청에 응하기 전에 하나님이 뭔가 명확한 방법으로 말씀하셨나요? 이를테면 '하나님이 그분의 뜻을 이런저런 방법으로 제게 보여 주셨습니다'라고 할 만한 간증이 있나요?"

그는 "아니오"라고 대답했다.

나는 다시 질문했다. "그 중대한 사역을 맡은 이유가 뭐죠?"

"목사님이 부탁하셨거든요." 그 사람은 하나님께 답을 구하지 않았다.

이럴 때 우리가 어떻게 해야 하는지 말해 주는 강한 권고가 있다.

> 나의 영혼아 잠잠히 하나님만 바라라 무릇 나의 소망이 그로부터 나오는도다(시 62:5).

내 평생의 또 하나의 말씀은 미가서 7장 7절이다.

> 오직 나는 여호와를 우러러보며 나를 구원하시는 하나님을 바라보나니 나의 하나님이 나에게 귀를 기울이시리로다.

하나님은 우리 삶에 대한 사람들의 제안에 대해 뭐라고 말씀하실까? 우리가 겸손과 믿음으로 하나님의 뜻을 구하지 않는다면, 우리는 하나님의 안타까운 외침을 들을 것이다.

> 내 백성이 내 소리를 듣지 아니하며 이스라엘이 나를 원하지 아니하였도다 그러므로 내가 그의 마음을 완악한 대로 버려 두어

그의 임의대로 행하게 하였도다 내 백성아 내 말을 들으라 이스라엘아 내 도를 따르라(시편 81:11-13).

우리는 성경에서 예수님이 새벽이 되기 한참 전에 일어나 아버지의 얼굴을 구하셨다는 기사를 본다(막 1:35). 그 전날은 예수님께서 병을 고치시고 귀신을 쫓아내신 위대한 기적이 일어난 날이었다. 예수님은 회당에서, 또 회당 밖에서 사람들을 가르치셨다. 1장 33절 말씀을 보면 "온 동네가 그 문 앞에 모였더라"고 기록되어 있다. 이 눈부신 사역들에도 불구하고 예수님은 다음 날 무엇을 해야 하는지, 어디로 가야 하는지 결코 짐작하지 않으셨다. 겸손히 하나님의 명령을 기다리셨고, 아버지와의 교제를 통해 그날 수많은 이들을 가르치고 궁핍한 자의 필요를 채울 힘을 얻으셨다(막 1:38-45).

아버지를 기다리는 것이 예수님의 삶의 방식이었다. 추정이라곤 없었다. 이것은 우선순위의 문제와도 연결된다. 예수님은 사람들과 보내는 시간을 아버지와 보내는 시간보다 우선으로 삼지 않으셨다. 이것은 우리에게 얼마나 본이 되는가, 또 얼마나 도전이 되는가!

• 예수님은 아버지께 온전히 순종하셨다

예수님은 "나는 항상 그가 기뻐하시는 일을 행하므로"(요 8:29)라고 말씀하신다. 우리가 무엇을 해야 하는지 알기 위해 하나님께 구하고 그분의 음성을 듣는 것과 실제로 그 음성에 순종하는 것은 별개의 문제다.

순종에 대한 성경의 기준이 무엇인지 아는가? 세 가지 기준이 있다. 이것을 절대로 잊지 않기 바란다. 성경적 순종은 즉각적인 순종이지 지연된 순종이 아니다. 지연된 순종은 불순종이다. 그리고 성경적 순종은 부분적 순종이 아니라 전적인 순종이다. 또한 성경적 순종은 기쁨과 입술의 찬양을 동반한 순종이다. 투덜거림이 없다. 성경에서 말하는 순종은 즉각적이고 전적이며 기뻐하는 순종인 것이다.

우리는 하나님이 우리에게 있으라고 하신 곳에 있음으로써 하나님의 뜻 안에 있고 위치상 바른 자리에 있을지 모르나, 이스라엘 백성들처럼 조건상 옳지 않을지도 모른다. 하나님은 이스라엘 백성들에게 "광야로 가라"고 말씀하셨고, 그들은 광야로 갔다. 그러나 그들의 행동은 불평과 불신이었다. 위치상으로는 맞지만 조건상 틀린 것이다.

예수님은 결코 사람에게서 찬양을 받아들이지 않으셨다. 예수님은 "나는 사람에게서 영광(찬양)을 취하지 아니하노라"(요 5:41)고 말씀하셨다. 아버지만이 아들을 통해 일어나는 일들의 유일한 설명인 만큼, 사람에게서 영광을 취한다는 것은 논리적으로 말이 안 되었기 때문이다. 우리가 의존과 순종과 믿음으로 하나님께 굴복하고, 그분의 음성을 들을 때까지 그분의 뜻을 알고자 구하면, 하나님만이 우리를 통해 일어나는 일들의 유일한 설명이 되신다.

우리는 자신의 통찰력에 의지하여 스스로 결정하고, 자신 안에 있는 예수님과 관계없이 살아가는 것을 선택할 수 있다. 그러면 우리를 통해 일어나는 일들에 대해 우리가 그 공로를 인정받는 것이 마땅하다. 거기에는 영적인 것이라고는 눈곱만큼도 없다. 우리는 또 모든 일을 주 예수께 맡기고 그 다음에 그 공을 취하는 것, 곧 '영광을 스스로 취하는 것'을 선택할 수 있다. 이것은 아주 오만한 행동이다! 잠언 6장 16절에서 하나님은 당신이 싫어하시는 것 일곱 가지를 말씀하신다. 그 목록의 첫째가 교만이다. 다시 말하면 우리가 할 만한 가장 혐오스러운 일이 바로 교만의 죄를 범하는 것이다.

이런 교만은 완전히 비논리적이다! 하루를 시작할 때 우리가 혼자서는 아무런 영적인 일도 행하지 못하고 오직 예수님만이 우리를 통해 하실 수 있다고 확신했다면, 그분이 일하실 때 논리적으로 누가 영광을 받아야 하는가? 이것은 1 더하기 1은 2라는 공식만큼이나 간단하다. 당연히 예수님이 영광 받으셔야 한다. 하나님은 "나는 내 영광을 다른 자에게 … 주지 아니하리라"(사 42:8)고 말씀하셨기 때문에 그 영광에 손을 대는 것은 정신 나간 일이다.

너희 제사장들아 이제 너희에게 이같이 명령하노라 만군의 여호와가 이르노라 너희가 만일 듣지 아니하며 마음에 두지 아니

하여 내 이름을 영화롭게 하지 아니하면 내가 너희에게 저주를
내려 너희의 복을 저주하리라(말 2:1-2).

지금이 바로 현실을 점검할 적절한 때다. 당신에게 일어난 모든 영적인 일 가운데 온전히 당신 안에 있는 예수 그리스도의 삶 덕택임을 인정하지 못한 영역이 있는지 성령님께 보여 달라고 간구하라.

내가 아버지 안에 거하고 아버지는 내 안에 계신 것을 네가 믿지 아니하느냐 내가 너희에게 이르는 말은 스스로 하는 것이 아니라 아버지께서 내 안에 계셔서 그의 일을 하시는 것이라(요 14:10).

하나님의 아들에게는 아무런 추정도, 좌절도 없었다. 그분은 삶에서 완전한 일치와 성취를 이루어 내셨다. 오늘날 얼마나 많은 그리스도인들이 사람들에게 하나님의 성품을 왜곡되게 보여 주고 있는지 한번 생각해 보라.

나는 "일이 잘못될 때는 어떻게 해야 하는가?"[1]라는 주제로 강의를 한 적이 있다. 만약 살면서 일을 그르친 적이 한 번도 없다면 당신은 박물관에 보관되어야 마땅하다.

나는 비합리적이고 피할 수 없는 압력들이 끊임없이 내 위에 쌓이고 가차 없이 나를 억누르던 그날을 생생히 기억한다. 내가 살아 있는 한 그날은 결코 잊지 못할 것이다.

그날 낮에 나는 무릎을 꿇고 기도했다. "주님, 제게 가르치시려는 것이 무엇입니까?" 주님은 즉시 응답하셨다. "네가 주변의 압력이 심할 때 어떻게 반응하는지 시험하는 중이다." 그 시절에 나는 앞으로 내가 국제적으로 여행하고 가르치며 책을 쓰고 사람들을 상담하는 일, 그리고 아내와 어머니와 할머니로서 가정을 돌보는 일 등 수많은 책임을 지고 살게 될 것을 전혀 알지 못했다.

나는 대답했다. "아, 감사합니다. 그러면 이 압력이 하루 종일 계속되리라 보고 주님의 은혜를 받겠습니다." 그 무자비하고 예기치 못한 압력은 아침부터 저녁까지 전혀 경감되지 않았다. 대단했다! 그러나 나는 곧 하나님의 뜻을 깨달을 수 있었다. 내가 하나님께 "제게 무엇을 가르치려 하십니까?"라는 백만 불짜리 질문을 했기 때문이다.

일이 잘 조정되지 않거나 이해하지 못할 일이 생기거나 상황이 어려울 때, 잠시 멈추어 하나님께 이 질문을 해보라. 그리고 그분이 대답하실 때까지 계속 기다려라. 하나님이 내게 많은 답을 주신 이유는 내가 이것을 삶의 방식으로 삼았기 때문이다. 하나님은 부지런히 찾는 자들에게 상 주기를 좋아하신다.

2차 세계대전 때 뉴질랜드 공군 병사들에게 이런 표어가 유행했다. "어쨌거나 돌진하라." 하지만 이것은 전시에는 훌륭한 표어일지 모르나 일이 잘못되고 틀어질 때는 적합한 표어가 아니다. 어떤 그리스도인들은 "그러면 그냥 돌진하고 하나님을 찬양하면 되지"라고 말할지도 모른다. 하나님을 찬양하지 않는 것보다는 낫겠지만 이것 역시 해결책은 아니다.

하나님을 찬양하는 것은 물론 중요하지만 이것이 완전한 답은 아니다. 우리는 멈추어 하나님을 기다릴 필요가 있다. 하나님을 찬양한 후에는 "하나님, 제게 가르치시려는 것이 무엇입니까?"[2]라고 물어야 한다.

좌절하는 대신 하나님을 기다리고 끈질기게 그분의 얼굴을 구하면, 하나님은 우리가 그분의 응답을 이해하게끔 하실 것이다. 예수님이 우리의 본이심을 기억하라. 예수님은 "아버지께서 나를 보내신 것같이 나도 너희를 보내노라"(요 20:21)고 말씀하셨다.

혹 이렇게 생각하는 이가 있을지 모르겠다. "글쎄요, 조이 여사님. 당신은 하나님의 음성을 쉽게 들으시는 것 같으니 모든 것이 아주 좋겠지요. 그렇지만 전 아닙니다. 도대체 어떻게 하나님의 음성을 들을 수 있나요?" 나도 이해한다. 당신은 또 이렇게 말할지도 모른다. "하나님의 음성을 들을 수만 있다면 하나님이 하라고 하시는 일은 모두 다 하겠습니다." 이것이 바로 내가 50년 전에 하나님께 했던 말이다. 당시 나는 뉴질랜드의 작은 집에 있는 내 침대 옆에서 무릎을 꿇고 이렇게 기도했다. "저는 하나님의 음성을 어떻게 듣는지 모르지만, 당신이 '내 양은 내 음성을 들으며 나는 그들을 알며 그들은 나를 따르느니라'

(요 10:27)고 말씀하신 것을 압니다. 그러니 저를 가르치시는 것은 당신께 달린 것 같네요."

내가 전심을 다해 계속하여 그분을 찾으며 그분을 알기를 구하자 그분은 나를 가르치셨다. 50여 년 전 그날, 내가 세계 전 대륙의 사람들에게 하나님의 음성을 듣는 법을 가르치고 또 책까지 쓰게 되리라고는 상상도 못했다.[3]

예수님은 하나님의 음성을 들을 때까지 그분의 뜻을 알고자 구하며 전적으로 순종하고 언제나 겸손을 실천하셨기에 항상 절대적인 믿음을 지키실 수 있었다.

예수님은 "내 아버지께서 이제까지 일하시니 나도 일한다"(요 5:17)라고 말씀하셨다. 예수님은 중국에 가서 전력을 다해 지하교회를 섬기든, 설거지를 하거나 아기 기저귀를 가는 일을 하든, 죽은 자를 살리든, 뭘 하든 간에 우리가 하나님께 순종하여 하는 일 자체에는 별로 감명받지 않으신다. 이런 일은 전혀 대단하지 않다. 지시를 내리시는 하나님이 대단하신 것이다.

이것을 이해하면 우리는 말씀하시는 분이 누구신지 알기 때문에 기쁘게, 온전히, 그리고 즉시 그분께 순종할 수 있다. 그리고 "아버지께서 일하시고 나도 일합니다"라고 말할 수 있다.

• 예수님은 기도하는 삶을 사셨다

예수님의 겸손에 이렇게 초점을 두는 이유는 무엇일

까? 바로 겸손이 예수님 삶의 열쇠이기 때문이다. 그리고 당신과 내 삶의 열쇠이기도 하다. 교만은 우리의 가장 큰 죄다. 우리의 가장 큰 필요는 겸손이다!

나는 예수님의 기도하시는 삶에 대해 글을 써 왔지만,[4] 글로 적힌 어떤 내용도 성경을 통해 배우고 발견한 예수님의 기도만큼 내 기도생활에 도전을 주지 못했다. 나는 예수님의 기도하시는 삶에 대해 읽을 때마다 엄청난 도전을 받는다. 바로 그것이 예수님의 놀라운 사역을 가능하게 만든 이유이기 때문이다.

제자들이 왜 예수님께 "남을 지도하는 법을 가르쳐 주옵소서"라고 말하지 않았는지 의아하게 생각한 적이 있는가? 예수님은 가장 위대하신 지도자였다. 왜 제자들은 "남을 가르치는 법을 알려 주옵소서"라고 말하지 않았을까? 예수님은 가장 위대하신 선생이었다. 왜 제자들은 "관리하는 법을 가르쳐 주옵소서"라고 말하지 않았을까? 예수님은 일관성 있고 효율적으로 행동하셨다. 왜 제자들은 "주여, 기도하는 법을 가르쳐 주옵소서"라고 부탁했을까? 예수님은 결코 사람과 보내는 시간을 아버지와 보내는 시간보다 우선으로 삼지 않으셨음을 알았기 때문이다. 제자들은 예수님의 사역에서 나타나는 능력과 예수님의 기도하시는 삶 사이에 연결을 짓기 시작했다. 우리가 하는 사역의 능력이 우리의 기도생활에 달렸다는 것을 알고 있는가?

우리에게 가장 필요한 것은 더 많은 사람이 우리에게

손을 얹고 우리가 사역을 위해 성령의 능력을 입도록 기도하는 것이 아니다. 물론 그런 일을 흠잡는 것은 아니다. 그 일을 하기에 적합한 시간과 장소가 있다. 나는 그 일을 전혀 얕보지 않는다.

하지만 우리는 한 시간 동안 줄을 서고 기다려서 누군가에게 기도에 능력을 더해 준다는 안수기도를 받곤 한다. 하지만 예수님은 우리가 삶 속에서 스스로를 훈련하며 "예수님의 삶을 보니 규칙적으로 시간을 내어 아버지와 친밀한 교제를 나누시고 다른 사람들을 위해 중보하셨네요"라고 말하기를 기다리고 계신다.

기도란 무엇인가? 기도는 왜 그리 중요하며, 겸손과는 어떤 관련이 있는가? 기도란 모든 상황 속에 예수님을 초청하고, 예수님이 모든 상황을 자연적인 것에서 초자연적인 것으로 바꾸어 모든 영광을 받으시게 하는 것이다. 기막히게 간단하지 않은가!

우리가 예수님처럼 기도하는 삶을 살지 않으면 예수님은 영광을 받지 못하신다. 기도가 하나님께 대한 우리의 의존을 증명한다는 사실을 알겠는가? 우리는 하나님께 의존한다고 말할 수 있다. 그러나 그 말에는 아무런 의미가 없을지도 모른다! 우리가 정말로 간절히 그분을 필요로 하는 증거는, 우리가 항상 그분께 우리 삶에 들어오셔서 우리 상황을 자연적인 것에서 초자연적인 것으로 바꾸어 주시도록 구하는 데 있다. 그렇다면 기도가 없는 데는 어떤 이유가 깔려 있을까? 바로 교만이다. 기도가 없다는 말은 "저는 당신이 필요 없습니다"라는 뜻이다.

• 예수님은 어린아이와 같은 마음을 귀하게 여기셨다

예수님은 어린아이들에게 큰 가치를 두셨다.[5] 예수님은 겸손과 단순함을 설명하기 위해 어른이 아니라 어린아이들을 예로 드셨다. 예수님은 몇몇 어른들에게 있는 큰 믿음을 인정하셨지만, 단순과 겸손에 관해서는 "어린아이들을 보라"고 반복해 말씀하셨다(마 18:1-3; 19:13-15; 막 9:33-37; 눅 9:46-48).

예수님은 어린아이들을 깊이 염려하셨다. 예수님은 어린아이를 실족케 하는 자들에게 가장 엄한 심판을 내리셨으며, 어린아이들을 멸시하지 말라는 경고도 하셨다(마 18:10). 성경은 "누구든지 나를 믿는 이 작은 자 중 하나를 실족하게 하면 차라리 연자 맷돌이 그 목에 달려서 깊은 바다에 빠뜨려지는 것이 나으니라"(마 18:6)고 말한다. 얼마나 무서운 경고인가!

우리는 우리의 잘못된 행동으로 아이들을 실족하게 할지 모른다. 이것이 의미하는 바의 비중을 우리는 정말로 깨닫고 있는가?

남편과 나는 존과 질을 기르면서, 또 여섯 명의 손자손녀와 증손들을 돌보면서, 우리가 그들에게 하나님의 성품을 왜곡되게 보여 준 행동이나 말을 한 것을 깨달았다.

그럴 때 우리는 아이들에게 이렇게 말하곤 했다. "우리가 그렇게 말하고 행동한 것은 잘못된 거였어. 우리 때문에 하나님을 오해하지 말았으면 해. 하나님을 오해하게 만든 우리를 용서해 주렴."

아이들을 기르면서 때로는 몰라서 잘못 행한 경우도 있었다. 여러 해가 지나서야 그때 그렇게 하지 말았어야 했다는 것을 깨달았다. 우리는 그것을 깨닫자마자 아이들에게 사과했다. 늦게 사과하더라도 안 하는 것보다는 낫기 때문이다. 한번은 이런 일이 있었다.

우리 아들 존은 열여섯 살 때 히피 문화에 강한 영향을 받아 머리를 기르고 싶어 했다. 그 당시 그것은 우리에게 용납되지 않는 일이었다. 그리고 남편 짐이 언제나 존의 이발사 노릇을 했기 때문에 짐은 존의 머리를 짧게 자를 것을 고집했다. 이것은 존에게 매우 고통스러운 일이었다. 몇 년 후, 성령님이 우리가 그때 십대 아들이 상처 입는 것보다 아이의 외모에 관한 우리의 평판에 더 관심을 두고 있었음을 알려 주셨다. 우리는 아들과 터놓고 이야기를 나누고서 아들에게 용서를 구했다.

대단히 부끄러운 얘기지만, 내가 제한 속도를 어기며 과속해서 운전하고 있을 때 열두 살이었던 존이 뒷자리에서 너무 빠르다고 경고한 적이 있다. 나는 속도를 늦추는 대신 원하면 얼마든지 차에서 나가 걸어가라고 대답했다. 정말 얼마나 야비한지! 수년이 지나서야 나는 하나님을 경외하는 것은 곧 죄를 미워하는 것(잠 8:13)임을 깨달았다.[6] 그때 나는 법을 어기는 것을 싫어해야 했다! 성령님은 수년 전에 일어난 그 사건을 내게 상기시키셨다. 나는 깊이 회개하고 존에게 용서를 구했다. 자신을 낮추어 겸손해지기에 너무 늦은 시간은 없다. 내 아이에게 예수님의 모습을 보여 주지 못했던 그 일은 생각할 때마다 나를 괴롭힌다.

예수님은 우리가 영에 안식을 두고 책임의 무게 아래 대처해 나갈 능력을 갖기 위한 열쇠로서 겸손을 가르치셨고, 몸소 겸손한 삶을 사셨다.

> 수고하며 무거운 짐을 진 사람은 모두 내게로 오너라. 내가 너희를 쉬게 하겠다(내가 너희 영을 편안하게 하고 소생시키겠다). 나는 마음이 온유하고 겸손하니, 내 멍에를 메고 내게 배워라. 그러면 너희는 마음에 쉼을 얻을 것이다(안심과 편함을 얻고 새롭게 되며 휴식과 축복된 평안을 누릴 것이다). 내 멍에는 편하고(엄하고 어렵고 모질고 급한 것이 아니라 편하고 은혜롭고 즐거워 유익하며), 내 짐은 가볍다(마 11:28-30).

삶의 무게에 어떻게 대처해야 하는가? 바로 겸손으로 대처하면 된다. 아마 이 진리는 많은 이들에게 스트레스에 대처하는 것에 관한 완전히 새로운 관점일지 모른다. 스트레스 해소에 관해 쓴 모든 책들을 생각해 보라. 우리 집에도 저자들이 보내 준 스트레스 해소에 관한 책들이 여러 권 있다.

그러나 예수님은 이 모든 것을 간단한 한 문장으로 요약하신다. 예수님은 스트레스가 무엇인지 깊이 이해하신다. 예수님이 날이면 날마다 아버지께서 편성하신 엄청난 프로그램을 따라 사셨다는 점을 생각해 본 적 있는가? 우리는 그 대단한 무게와 책임에도 불구하고 하나님의 아들에게서 조금의 스트레스도 발견하지 못한다.

수많은 군중이 밀고 들어와 덮치는 것보다 더 스트레스를 주는 일은 없다. 너무나 많은 사람들이 밀고 들어왔기에 예수님과 제자들은 어떤 때는 식사할 시간조차 없었다. 그런데도 예수님은 언제나 편안하고 침착하셨으며 일을 다스리셨다. 어떻게 그렇게 하실 수 있었는가? 예수님이 답을 주신다. "나의 멍에를 메고 내게 배우라." 예수님은 스트레스를 푸는 10가지 방법을 알려 주겠다고 하지 않으셨다. 대신 "그 비결은 겸손이니라"고 말씀하셨다.

과중한 삶의 무게를 지고 있는가? 그러면 이렇게 기도하라. "예수님. 당신께 의존하지 않고, 당신의 지시를 기다리지 않았던 저의 교만을 보여 주십시오. 혹 제가 너무 많은 일을 맡은 것은 아닌지 가르쳐 주십시오." 어느 쪽이든 간에, 스트레스의 해소를 위해 어느 부분에 겸손이 필요한지 보여 달라고 하나님께 구하라.

Jesus
The Model

예수는 솔직하고 투명하셨다

예수님 사역의 세 번째 특징은, 그분의 모든 대화가 투명하게 열려 있고 똑바르며 솔직하다는 것이다. 예수님의 삶은 진리와 거룩함과 사랑의 체현이었다.

예수님은 그분에 대한 진리를 알고자 정직하게 질문하는 사람을 절대 피하지 않으셨다. 예수님의 삶은 전혀 숨길 것이 없는, 펼쳐 놓은 책과 같았다. 사실상 예수님은 자신이 하나님의 아들이라고 말씀하셨기에 생명의 대가를 지불하셨다.

「입체로 본 그리스도의 생애」라는 책에서 예수님이 반대 심문을 받으시던 때(요 18:19-23)를 묘사한 부분을 소개하겠다.

그래서 대제사장이 예수에게 그의 제자들과 그의 교훈에 대해 물었다. 예수께서는 이렇게 대답하셨다. '내가 드러내어 놓고 세상에 말하였노라. 모든 유대인들이 모이는 회당과 성전에서 항상 가르쳤고 은밀하게는 아무것도 말하지 아니하였거늘 어찌하여 내게 묻느냐. 내가 무슨 말을 하였는지 들은 자들에게 물어 보라. 그들이 내가 하던 말을 아느니라.'

이 직선적인 대답을 듣고 관리 한 명이 이렇게 꾸짖었다. "네가 어떻게 대제사장에게 이같이 말하느냐?" 예수님은 다시 직선적으로 대답하셨다. "내가 말을 잘못하였으면 그 잘못한 것을 증언하라 바른 말을 하였으면 네가 어찌하여 나를 치느냐?"[1] 이 말씀은 '내 삶은 펼쳐 놓은 책과 같다'는 뜻이었다.

"나는 진리만 말하기로 결심했기 때문에 심문 받는 것이 두렵지 않습니다"라고 말할 수 있는가? 이 말은 내가 자유롭다는 뜻이다. 예수님은 "진리를 알지니 진리가 너희를 자유롭게 하리라"(요 8:32)고 말씀하셨다. 진리를 말하기로 결심하면 변명을 생각해 낼 필요가 없다. 우리 삶은 사람들이 무슨 질문을 하든 상관없을 만큼 투명한가? 그렇게 투명한 삶이 바로 내가 원하는 삶이다.

숨길 것이 없다면 반대 심문에 언제든 능히 대처할 것이다. 백 퍼센트 진리만을 말하기로 했다면 하나님이 우리를 지지하실 것이고, 우리는 권위와 지혜로 말할 것이다. 스데반이 큰 적대 세력에 부딪혔을 때도 그랬다.

> 스데반이 지혜와 성령으로 말함을 그들이 능히 당하지 못하여(행 6:10)

우리가 모든 사람의 질문에 대답해야 하는 것은 아니다. 예수님도 그러지 않으셨다. 어떤 때는 침묵이 가장 현명한 대답이다. 빌라도가 예수님께 대제사장들의 고소에 대해 왜 침묵하고 자신을 변호하지 않는지 물어보았을 때가 그러했다. 빌라도는 이를 기이히 여겼다(막 15:3-5).

하나님 말씀은 또한 "은혜와 진리는 예수 그리스도로 말미암아 온 것이라"(요 1:17)고 기록한다. 진리를 말하는 것만으로는 충분하지 않다. 진리는 은혜 가운데서 말해야 한다. 성경은 우리 말은 항상 은혜 가운데서 소금을 친 것과 같아야 한다(골 4:6)고 말한다. 예수님 말씀에는 무미건조함이라곤 전혀 없었다.

예수님은 어떤 위선도 용납하지 않으셨다

위선보다 더 예수님을 화나게 한 것은 없었다. 예수님은 위선에 대해 거룩한 증오를 보이셨다.

> 데오빌로여 내가 먼저 쓴 글에는 무릇 예수께서 행하시며(먼저 삶으로 사시고) 가르치시기를 시작하심부터 ⋯ 기록하였노라(행 1:1-2).

우리는 자신의 삶의 방식이 아닌 것을 가르쳐서는 안 된다. 그것은 가짜다! 우리가 진리를 얼마나 유창하게 전달하느냐에 관계없이 거기에는 기름 부으심이 없다. 권세가 없다. 성경에서 많은 구절을 인용하고 진리를 말한다 해도 그 진리대로 살지 않는다면 아무런 권세가 없는 것이다. 위선은, 사실은 그렇지 않은데 그렇다는 인상을 주는 것이다. 사람들은 우리가 진리를 말하고 성경에서 그 진리를 인용하면 우리가 그대로 산다고 추정한다.

진리를 아는 것으로는 충분하지 않다. 진리대로 살아야 한다. 진리를 가르칠 때 우리가 그 진리대로 살아야만 하나님이 우리의 가르침에 권세를 주신다. 그로 인해 사람들이 삶에서 그 진리를 받아들이고 그 진리를 좇아 행할 것이다. 이것을 마음에 새기고 절대로 잊지 않기를 바란다.

예수님을 당시의 모든 선생과 구분 짓게 한 것이 있다. 성경은 예수님이 서기관들과 달리 권세 있게 가르치셨다고 말한다. 서기관들은 진리를 가르치되 그대로 살지 않았기 때문에 권세가 없었다. 반면 예수님이 가르치셨을 때는 똑같은 말씀이지만 거기에 권세가 있음을 사람들은 알아챘다. 우리는 진리를 가르칠 때 자유함을 위해 기도할 필요가 전혀 없다. 말을 잘 전달할 은사를 달라고 기도할 필요도 없다. 우리가 기도해야 할 것은 말할 때 권세가 있게 해 달라는 것이다. 우리가 진리대로 살고 있다면 하나님은 언제나 우리의 기도에 응답하실 것이며, 그분의 때에 권세를 보내실 것이다.

내 절친한 친구인 국제 YWAM의 창시자 로렌 커닝햄과 저명한 영국인 성경교사 캠벨 맥알파인(Campbell McAlpine)과 협력하여 사역했던 기억이 난다. 두 사람 모두 훌륭한 하나님의 사람들이다. 우리 셋은 영적 지도력에 관한 집회에서 강의하는 책임을 맡았다. 그들과 협력하여 일하는 것은 내게 큰 특권이었다. 우리는 아주 특별하고 친밀한 관계 속에서 서로 정말 많은 것을 배웠다.

한번은 강의를 하기 직전에 친구 캠벨에게 이렇게 말했다. "너무 준비가 안 된 것 같아요. 이 말씀을 준비할 시간이 더 있었으면 좋았을 텐데."

그가 물었다. "조이, 이 말씀이 당신 삶인가요?"

나는 대답했다. "그럼요."

그는 말했다. "그러면 준비가 끝난 거네요."

나는 그날 내 영에 엄청난 위로가 왔음을 기억한다. 하나님 말씀은 곧 내 삶이었으며, 그래서 나는 하나님의 은혜와 성령님의 능력을 통해 권세 있게 말했다.

마태복음 10장 26절은 "감추인 것이 드러나지 않을 것이 없고 숨은 것이 알려지지 않을 것이 없느니라"고 말한다. 누가복음 12장 2절에도 똑같은 말씀이 있다. 나는 이 구절이 의미하는 바를 생각할 때면 내 영이 떨리고 내 몸이 떨리는 것을 경험한다. "감추인 것이 드러나지 않을 것이 없고 숨은 것이 알려지지 않을 것이 없느니라." 당신은 이 말씀을 믿는가? 그렇다면 당신이 사는 방식이 바뀔 것이다. 당신이 생각하고 말하는 방식이 바뀔 것이다.

> 화 있을진저 외식하는 서기관들과 바리새인들이여 회칠한 무덤 같으니 겉으로는 아름답게 보이나 그 안에는 죽은 사람의 뼈와 모든 더러운 것이 가득하도다 이와 같이 너희도 겉으로는 사람에게 옳게 보이되 안으로는 외식과 불법이 가득하도다(마 23:27-28).

당신은 가족간의 관계가 모두에게 알려지기를 원하는가? 남편과 아내로서 배우자에게 어떻게 이야기하는가? 자녀들에게 어떻게 말하는가? 부모와 형제에게 어떻게 말하는가? 함께 일하는 사람들에게는 어떻게 말하는가?

당신은 자신의 생각이 알려지기를 원하는가? 한 여자가 간음하다가 잡혀 예수님 앞에 끌려왔을 때 예수님은 땅에 손가락으로 무언가를 쓰셨고, 고소하는 자들의 생각을 드러내셨다. 벨사살 왕의 경우, 하나님의 손가락이 나타나 벽에 그의 인생에 대한 판결을 썼고, 그는 하나님의 심판 아래 죽었다.

하나님은 언제나 우리의 말뿐 아니라 우리의 생각도 드러내실 수 있다는 사실을 알고 있는가? 우리가 여기 이 땅에서 생각과 관계를 통해 짓는 죄를 회개하지 않으면, 하나님의 심판 자리에서 모두에게 드러날 것이다. 남에게 공공연히 드러나고 싶지 않은 일이라면 지금 회개하는 것이 유익하다. 성경은 우리가 생각하는 것이 바로 우리의 참모습이라고 말한다. 우리는 다른 사람들이 우리가 어떻다고 생각하는 사람이 아니다. 우리는 자신이 생각하고 있는 바로 그 사람이다.

우리는 얼마나 진실한가? 이 질문과 관련해서 하나님이 어떻게 우리를 시험하시는지 보여 주는 실례를 들어 보겠다. 1976년 몬트리올 올림픽 때였다. YWAM 주최로 올림픽 때 몬트리올 거리에서 전도하기 위해 세계 전역에서 1,800명이 모였다. 그들은 개막식 전 주에 모여 일주일간 집중적인 가르침을 받았다.

나는 그들을 가르치는 성경교사들 중 한 명이었고, 내가 가르치고자 한 것 중 하나는 "효과적인 전도를 위해 성령님의 능력을 입어야 할 필요"에 관한 것이었다. 말씀을 전하기 전날 밤, 나는 밤늦게까지 로렌과 달린(Darlene) 부부와 함께 이동주택 안에 있었다. 우리 셋은 다음 날의 강의를 위해 중보하고 있었다. 또한 우리의 전도를 통해 많은 영혼이 그리스도께 돌아오도록 기도하고 있었다.

나는 무릎을 꿇고서 잃어버린 자들이 구원을 얻고 하나님의 영이 잃어버린 영혼을 수확해 들이기를 갈망하며 기도하고 있었다. 그런데 그때 성령님이 내 죄를 깨닫게 하셨다. 나에게는 선택권이 있었다. 하나님이 깨닫게 하신 죄에 대해 침묵할 수도 있었고, 리더들 앞에서 그 죄를 소리 내어 말할 수도 있었다. 나는 진실한 모습을 선택했고, 이렇게 말했다.

"하나님, 하나님이 제 마음을 어떻게 보시는지 알려 주셔서 감사합니다. 주님, 잃어버린 영혼에 대한 부담이 예전 같지 않음을 지금까지 전혀 몰랐습니다. 저도 모르게, 성경을 가르치는 사역과 세계 전역을 여행하는 일에 따르는 책임의 무게가 개인적인 전도의 삶보다 더 큰 비중을 차지해 버렸습니다. 제가 한 영혼을 주님께로 이끈 지가 벌써 몇 달이 지났습니다. 그리고 전에는 잃어버린 자들에게 효과적으로 전도하는 것이 일상이었는데, 지금은 제 우선순위가 달라졌습니다."

나는 진정으로 깨어져 주님 앞에 흐느껴 울며 깊이 회개했다. 리더들이 나에 대해 어떻게 생각하는지는 상관없었다. 나는 또 이렇게 소리 내어 기도했다. "하나님, 제가 일상생활에서 전도하지 않은 이유는 분명 그들이 길을 잃은 데 대한 안타까움과 부담이 전과 같지 않기 때문입니다. 잃어버린 영혼에 대한 안타까움을 되찾기 위해 무엇이든 하겠습니다."

나는 하나님이 용서하셨음을 알았지만 진실하려면, 또 내 간곡한 기도에 응답을 받으려면, 하나님이 내게 요구하시는 것이 더 있는지 하나님께 물어야 한다는 것도 알고 있었다. 나는 말했다. "무엇이든 하겠습니다. 무엇이든 하겠습니다."

하나님은 곧 응답하셨다. "내일 1,800명에게 지금 내가 네게 보여 준 것을 있는 그대로 말해라. 그들 앞에서 깨어진 대로 다 열어 보여라." 나는 즉시 하나님 말씀에 동의했다.

다음 날, 나는 하나님이 말씀하신 것을 그대로 사람들에게 말했다. 또 잃어버린 자들에 대한 부담이 내 삶에 돌아오기를 너무나 간절히 원하기에, 그것이 회복되기 위해 하나님이 요구하시는 것은 무엇이든 할 것이라고 덧붙였다. 나는 이렇게 말했다. "오늘 여러분 앞에서 저를 낮추는 것은 희생일 수 있지만, 그것이 필요한 것이라면 그리 큰 대가를 치르는 것은 아닙니다. 하나님이 제 삶에 꼭 필요한 것을 회복시키실 때까지 하나님을 붙잡고 안 놓을 생각이니까요. 성경을 가르치는 사역이 개인적인 전도의 삶보다 더 중요하다는 어리석은 생각을 제가 절대로 안 하게 되기를 바랍니다." 그리고서 하나님의 자비와 은혜 덕분에 나는 권세 있게 말씀을 전했다.

그 후에 어떻게 되었는지 아는가? 그날 자신을 낮추었던 그 경험을 돌아보면, 나는 하나님이 내가 전에 가졌던 부담을 회복시키셨을 뿐 아니라 그것을 더 크게 하셨음을 깨닫는다. 성령님의 능력은 낮아짐을 통해 온다. 이것은 하나님 말씀 전체에 있는 영적 법칙이다. 나는 이 주제에 관해서만 강의할 수도 있다. 잃어버린 자를 찾아 전도하는 것이 예수님께는 삶의 방식이었는데, 우리는 얼마나 간절히 예수님처럼 하기를 원하는가?

한번은 어느 교회에서 진실함의 중요성에 관한 설교를 마쳤을 때 나를 초청한 목사님이 이렇게 말했다. "조이, 진실함에 대해 말씀하시는 것을 완전히 이해합니다. 어느 주일에, 저는 고린도전서 13장에 대해 설교하려고 일어났습니다. 하나님이 성경의 그 부분을 읽으라고 지시하셨거든요. 그래서 그것에 관해 설교해야 하는 줄로 짐작하고 그렇게 준비를 했습니다. 강단에서 그 말씀을 읽기 시작했습니다. '사랑은 오래 참고 사랑은 온유하며' 이 구절까지 왔을 때, 성령님이 제게 '너는 때로 아내에 대해 참을성이 없다'고 말씀하셨습니다. 저는 그 순간에 선택할 수 있었죠. 조용하게 '예, 하나님. 나중에 회개할게요'라고 대답하고 나서 계속 본문을 읽고 말씀을 전할 수 있었죠. 그리고 또 하나 그보다 더 진실하기로 결심할 기회도 있었습니다."

"어떻게 하셨나요?" 나는 물었다.

"저는 회중을 둘러보고 말했습니다. '제가 아내에게 종종 참을성이 없음을 고백합니다. 제가 이 문제에 무감각한 것은 아닙니다. 그렇지만 이제는 그렇게 하는 데 진력이 났습니다. 저는 마음과 삶에 변화가 필요합니다.' 그리고 저는 뒤로 돌았습니다. 회중에게는 더 이상 한 마디도 하지 않았죠. 저는 강단 뒤쪽 큰 의자 앞에 무릎을 꿇고 머리를 묻고서 '저로 깊이 회개하게 하실 때까지 주님을 붙잡고 놓지 않겠습니다'라고 말하며 하나님과 씨름하면서 엉엉 울었습니다."

나는 그 목사님이 무엇 때문에 하나님과 씨름했는지 이해했다. 나 역시 하나님이 내 죄를 깨닫게 하실 때 그렇게 해야 했다. 회개는 생각의 변화요, 마음의 변화요, 죄에 대한 삶의 변화다. 그가 이전까지 했던 것은 생각의 변화뿐이었다.

목사님은 계속 하나님의 얼굴을 구하며 "당신이 저를 만나 주실 때까지 이 자리에서 당신을 떠나지 않겠습니다"라고 말씀드렸다고 했다.

"조이, 저는 흐느껴 울며 그 자리에 30분가량을 있었습니다. 마침내 하나님이 저를 만나 주셨고 제 마음이 바뀌었습니다. 제 안에 하나님을 두려워하는 마음, 곧 죄를 증오하는 마음이 임했음을 알았을 때, 저는 혼자 생각했어요. '교회가 지금쯤이면 텅 비었겠군. 하지만 뭐 어떤가? 내가 변했는데.' 제가 일어나 주변을 둘러보았을 때 자리에는 아무도 없었어요. 모두들 바닥에 엎드려 흐느껴 울고 있었거든요. 아무도 떠나지 않았던 겁니다. 하나님의 영이 교회 안에 임하셨고 회중에게 죄를 깊이 깨닫게 하셔서 저는 한 마디도 설교할 필요가 없었습니다. 진실하기만 하면 되었던 거죠. 그날 우리는 성령님의 가장 깊은 움직임을 체험했어요. 사람들은 깨어지고 울고 나서 하나님과 바른 관계를 맺었습니다. 저도 변화를 받고 그들도 변화를 받았어요. 모든 영광을 주님께 돌립니다."

이 정도면 요지가 전달되었으리라 믿는다. 여기에 병행하는 또 하나의 중요한 진리가 있다. 예수님은 "실족하게 하는 일들이 있음으로 말미암아 세상에 화가 있도다 실족하게 하는 일이 없을 수는 없으나 실족하게 하는 그 사람에게는 화가 있도다"(마 18:7)라고 말씀하셨다. 예수님은 유혹의 원인이 되거나 다른 사람으로 죄를 짓게 하는 사람은 하나님께 대해 져야 할 책임이 있으며, 회개해야 함을 가르치고 계신다.

예수님은 인간의 필요와 고통을 긍휼히 여기셨다

예수님의 긍휼은 그분이 병든 자를 고치시고 악한 영에게 괴롭힘을 받는 자를 해방시키시는 데 얼마나 큰 비중을 두셨는지를 보면 생생하게 드러난다. 그것은 그분의 전도에서 필수적인 부분이었고, 또한 제자들에게 그렇게 하라고 가르치셨다(마 10:8). 수천 명을 먹이신 예수님의 기적 또한 인간의 필요에 대한 그분의 긍휼과 염려를 잘 보여 준다.

나는 수년 동안 하나님께 사용되어 수많은 믿지 않는 자들을 그리스도께 인도해 온 복음전도자를 알고 있다. 그런데 어느 날 하나님이 이 전도자에게 사람을 보내셔서 복음 설교에 새로운 차원을 더하기를 구하라는 말씀을 전달하셨다. 그것은 단순히 예수님의 원칙대로 하는 것, 곧 주 예수를 영혼의 구원자일 뿐 아니라 육체의 치료자로 전하는 것이었다. 예수님을 복음전도자의 본으로 삼으라는 말씀이었다. 성령님은 이것이 주님으로부터 온 말씀임을 그에게 확증하셨고, 그는 겸손으로 받아들였다.

그가 복음 설교에 그 원칙을 적용시키자 하나님은 기적의 역사로 그분의 말씀을 확증하셨다. 그 결과 전보다 훨씬 많은 사람들이 그의 집회에 참석했고, 더 많은 사람들이 자신의 삶을 그리스도께 드리고 있다. 그 비결은 예수님을 본으로 삼은 것이었다.

나는 예수님이 우리의 모든 죄를 용서하시고 우리의 모든 병을 고치신다는 진리를 신실하게 전한 다른 설교자들도 알고 있다(시 103:3). 그들은 크게 시험을 받았다. 몇 달이 지나고서야 비로소 기적의 역사가 돌파구를 열었기 때문이다. 하지만 그들은 예수님처럼 복음 전하기를 결코 단념하지 않았고, 때가 되어 하나님은 그들의 순종과 믿음에 큰 상을 주셨다.

예수님은 진리로 가득 찬 머리만 있으셨던 것이 아니라 사람들에 대한 마음의 부담을 지니셨다.

> 무리를 보시고 불쌍히 여기시니 이는 그들이 목자 없는 양과 같이 고생하며 기진함이라(마 9:36).

나는 "잃어버린 자에 대해 부담을 가진다는 것은 무슨 뜻인가?"라는 주제로 강의를 한 적이 있다.[2] 그것에는 어떤 의미가 있는가? 여기서는 그에 대한 가르침이나 실례는 생략하고 기본 개요만을 언급하겠다.

잃어버린 자들에 대해 마음에 부담을 지닌 사람은 그들을 향한 하나님의 사랑으로 가득 차 있다. 잃어버린 자들에 대해 부담을 지닌 마음은 그들을 위해 중보하고, 그들을 위해 울고, 그들의 삶에 개인적으로 개입한다. 그리고 필요하다면 그들을 위해 자신의 생명을 기꺼이 포기하려 한다.

초라하고 병든 사람들을 보면 우리는 어떻게 반응하는가? 말로는 "나는 아파하는 사람들을 불쌍히 여겨. 그들의 상태가 어떻든 상관없어. 누구에게나 갈 거야"라고 할지 모른다. 바로 이 점을 놓고 하나님이 나를 시험하신 때가 있었다.

나는 가르치는 일 때문에 여러 번 인도를 방문했는데, 한번은 콜카타에 간 적이 있다. 그때 나는 마더 테레사 수녀님의 사역을 둘러보는 중이었다. 내가 수녀님들과 가난한 자들과 이야기를 나누며 사역 구내를 천천히 걷고 있을 때였다. 갑자기 한 사람이 맨바닥에 앉아 있는 것이 보였다. 그가 남자인지 여자인지 구별할 만한 특징이라곤 하나도 없었다. 다리는 보이지 않았고, 빡빡 민 머리는 사방으로 빙빙 돌고 있었다. 그리고 입에서는 개 짖는 듯한 소리가 나왔다. 나는 이것이 귀신 들린 표시라고 짐작했다.

나는 "사랑의 팔은 비어 있기를 싫어한다"고 말해 왔고 그렇게 믿어 왔다. 나는 예수님이 어떤 상태에 있는 어떤 사람이라도 다 그 팔에 안으시리라 믿어 왔고, 나 역시 예수님을 닮기로 결심했다. 성경은 "온전한 사랑이 두려움을 내쫓나니"(요일 4:18)라고 말한다. 나는 혼자 그 사람에게로 걸어가면서 내가 어떤 반응을 할지 알지 못했다. 그러나 몹시도 궁핍한 이 영혼을 향한 하나님의 사랑이 내 마음을 채우면서 나는 아무 두려움 없이 그에게 다가갔다.

나는 몸을 구부려 부드럽게 그 사람을 안아 주었다. 그리고 그의 양쪽 볼과 머리 위에 입을 맞추면서 조용하게 "예수님이 당신을 사랑하세요. 예수님이 당신을 사랑하세요. 내가 당신을 사랑해요"라고 말했다. 조용이 이 말을 반복하자 짖는 소리가 멈췄고 머리가 빙빙 돌던 것이 멈췄으며 고요함과 완전한 평온이 이 귀한 사람 위에 임했다. 그가 내가 말하는 언어를 이해했는지는 알 수 없다. 그러나 모든 사람은 하나님의 순전한 사랑의 언어를 안다. 그리고 나는 성령님이 나를 통해 그 언어를 그 사람에게 전달하셨음을 안다. 그 결과는 위로와 평온, 그리고 고통으로부터의 해방이었다. 순전하고 뜨거운 하나님의 사랑은 세상에서 가장 강한 힘이다. 사탄의 세력은 결코 그것을 흉내 내지 못한다.

Jesus
The Model

4장
가르침에서 닮고 싶은 예수

나는 이 장에서 예수님의 가르치는 사역을 세 개의 단순한 개념으로 축소시켰다. 그것이 어른뿐 아니라 아이들도 이해하고 외우고 적용할 만한 가장 기본적인 기초라고 믿기 때문이다. 이 세 개념을 당신의 영에 깊이 새겨 기억하고, 또 그것들로 자신의 삶을 평가하기를 바란다.

예수님의 처음 가르침은 "회개하라"였다

이때부터 예수께서 비로소 전파하여 이르시되 회개하라 천국이 가까이 왔느니라 하시더라(마 4:17).

앞에서 언급했지만 회개의 처음 단계는 죄의 고백이다.

죄의 고백은 죄에 대한 생각의 변화다. 우리는 죄를 깨닫게 하시는 하나님의 영에 동의하여 죄를 시인한다. 그리고 두 번째 단계는 마음의 변화다. 우리는 죄를 하나님이 보시는 대로 보고 하나님이 느끼시는 대로 느끼기 원한다. 우리는 우리가 보고 느끼는 수준까지만 회개할 수 있다. 나는 강렬한 소망으로 그 깨달음을 주실 것을 구하며, 하나님이 그 청을 들어 주시리라 믿는다. 우리는 죄를 하나님이 보시는 대로 볼 때까지 마음의 변화를 경험하지 못한다.

나는 살면서 때로 야곱처럼 하나님과 씨름하며 이렇게 말씀드려야 했다. "당신을 놓지 않겠습니다. 하나님이 보시는 대로 제 마음을 보게 해 주실 때까지 무릎 꿇은 이 자리에서 일어나지 않겠습니다." 이런 경험은 내 삶을 가장 많이 변화시키고 자유롭게 해 주는 것이었다. 우리는 일단 하나님이 보시는 대로 죄를 보고 나면 그 죄로 돌아가지 않는다. 우리는 하나님 앞에서 깊이 깨어져 통곡한다. 이것은 참담하지만, 성령님의 임재만이 이런 영적 현상을 일으킬 수 있음을 알기 때문에 놀라운 일이다.

회개의 세 번째 단계는 삶의 변화다. 나는 하나님을 경외하고, 내가 전에 사랑하던 죄를 미워하게 해 달라고 기도한다. 죄를 사랑한 것이 내가 처음에 죄를 선택한 이유다. 우리가 죄를 짓는 데는 두 가지 원인이 있다. 하나는 우리의 선택이고, 또 하나는 우리 마음에 있는 죄에 대한 사랑이다. 성경은 "여호와를 경외하는 것은 악을 미워하는 것이라"(잠 8:13)고 말한다. 우리가 주님을 경외하는 마음을 구하면 구할수록, 믿음으로 받으면 받을수록 하나님은 그 마음을 우리에게 더 많이 주실 것이다. 어쩌면 "주님을 경외하는 마음이 내 삶에 나타나고 있는지 어떻게 압니까?"[1]라고 질문할지도 모르겠다. 죄에 대한 새로운 태도를 보면 안다. 죄에 유혹을 받는 대신, 이제는 그 죄를 미워한다. 우리는 더 높은 권위에 의해 강요당하지 않는 한 우리가 미워하는 일을 하지 않는다.

세례 요한이 잡힌 후 예수님은 회개에 대해 계속 가르치셨다. 마가복음 1장 15절은 "이르시되 때가 찼고 하나님의 나라가 가까이 왔으니 회개하고 복음을 믿으라 하시더라"고 기록한다. 6장 12절을 보면 예수님은 열두 제자에게 회개의 말씀을 가르치라고 명하신다. 누가복음에는 회개에 대한 주님의 가르침이 열 군데나 기록되어 있다.

누가복음 24장 47절에서 예수님이 회개에 대한 가르침을 선포하신 것을 보면 이 가르침이 얼마나 중요한지 드러난다. 배경은 예수님이 하늘로 승천하시기 전 제자들과 마지막 대화를 나누실 때였다. 예수님은 자신의 죽음과 부활의 목적이 예수의 이름으로 말미암는 회개와 죄 사함이 모든 족속에게 전파되는 것이라고 명백히 말씀하셨다.

당신은 회개에 관한 말씀을 들어 본 지가 얼마나 되었는가? 당신이 영적 지도자나 성경교사라면 회개에 대해 가르쳐 본 지는 얼마나 되었는가? 당신은 성경에서 말하는 회개의 의미를 깊이 이해하는가? 그것은 당신의 삶의 방식인가? 그것은 예수님께 너무나 중요했고, 예수님이 처음 전하신 말씀이었다.

왜 회개라는 주제가 예수님의 처음 말씀이요, 중간 말씀이요, 마지막 말씀이었을까? 다루어지지 않은 죄가 우리와 하나님과의 친밀한 우정을 방해하고, 우리가 그리스도의 형상을 닮아 가려는 목표를 방해하며, 우리 삶을 향한 하나님의 뜻이 성취되는 것을 방해하기 때문이다.

예수님의 두 번째 가르침은 "나를 따르라"였다

예수님의 두 번째 말씀은 지극히 단순했다. "나를 따르라." 바로 이 두 단어였다. 이 말씀은 "나를 지켜보고, 내 말에 귀 기울이고, 나에게서 배우고, 나를 이해하고, 성령의 능력 안에서 내가 행한 일을 하라"는 뜻이다.

> 예수께서 또 말씀하여 이르시되 나는 세상의 빛이니 나를 따르는 자는 어둠에 다니지 아니하고 생명의 빛을 얻으리라(요 8:12).

예수님을 따르는 것은 그분을 찾고, 그분의 말씀에 귀 기울이고, 그분을 연구하고, 그분과 홀로 있고, 그분을 경배하고, 그분을 사랑하고, 그분에게 순종하고, 그분에게 의존하고, 오직 그분만을 우리 삶의 유일한 설명으로 삼는 것이다.

예수님을 따르는 것은 예수님께 순종하여 사는 것이다. 가장 하찮은 일에서도 성령님의 이끄심에 순종하는 것이다. 나의 가족들은 모두 그리스도인으로서 내 삶의 비결은 다음 한 문장 안에 담겨 있다고 말할 것이다. "하나님이 그 다음에 내게 하라고 하시는 작은 일을 하라." 이것은 복잡하지 않다. 하나님이 내게 주신 엄청난 기회(세계 전역을 다니며 하나님을 알리는 일)의 문은 아무리 작은 일이라 해도 성령님의 이끄심에 끊임없이 순종하는 삶을 통해서 왔다.

예수님의 마지막 가르침은 "가서 전하라"였다

예수님의 마지막 말씀은 모든 족속에게 가서 "내가 너희에게 분부한 모든 것을 가르쳐 지키게 하라"는 것이었다(마 28:19-20).

예수님의 사역 전체에 걸쳐 계속되는 말씀은 "회개하라", "나를 따르고 순종하라", "가서 나에 대해 전하라"였다. 너무나 간단하다! 하지만 우리는 교만과 불신을 통해 이 말씀을 엄청 복잡하게 만들어 버렸다.

내가 참석했던 어느 모임에서 잭 헤이포드(Jack Hayford) 박사가 전한 놀라운 간증으로 이 장을 마무리하고자 한다.

그는 오늘날 가장 영향력 있는 목회자 중 한 사람이다. 그는 전 세계를 다니며 사역해 왔고, 많은 책을 썼다.

그는 젊은 시절 신학교에 다닐 때 자신의 사역이 뭔지도 모른 채 어느 선교대회에 참석했다고 한다. 그곳에서 강사는 예수님이 모든 제자들에게 마태복음 28장 18-19절의 명령을 주셨다고 설명했다.

> 하늘과 땅의 모든 권세를 내게 주셨으니 그러므로 너희는 가서 모든 민족을 제자로 삼아 아버지와 아들과 성령의 이름으로 세례를 베풀고

잭은 그때를 회상하며 이렇게 말했다. "그때 저는 한 번도 그 명령에 응답한 적이 없었다는 사실을 깨달았어요. 저는 그 말씀이 의미하는 것이 무엇인지 곰곰이 생각했어요. 사역을 준비하는 젊은이로서 예수님께 응답함으로써 생기는 결과가 무엇일지 처음으로 숙고했습니다. 그것은 제 일생을 어느 낯선 나라에서 가족과 친구들과 떨어져 불편한 조건 속에 보낸다는 뜻일 수도 있었죠. 어쩌면 다른 나라 말을 배워야 하는지도 몰랐고요. 저는 빨리 응답하지 않았어요. 그러다가 천천히, 하지만 아주 신중하게 뒷자리에서 앞으로 걸어 나가 이렇게 말했습니다. '예수님, 예라고 응답합니다. 어디든, 언제든, 어떤 상황이든 당신이 보내시는 대로 기꺼이 따르겠습니다.'"

그렇게 헌신을 하고 난 후에 성령님은 그의 소명이 자기 나라 미국에서 목사가 되는 것임을 아주 분명하게 가르쳐 주셨다고 한다. 그때 그는 하나님이 자신을 목사로서 전 세계의 목사들에게 말씀을 전하게 하시리라는 사실을 몰랐다.

잭은 마지막으로 이런 말을 남겼다. "여러분도 제가 그날 지상명령에 응답한 것처럼 진지하게 응답하실 때까지는 여러분의 소명이 무엇인지 결코 알지 못할 겁니다." 이것이 바로 내가 강조하고 싶은 말이다! 이것은 이치에 맞는 말이다. 그렇지 않은가? 우리가 이 중추적인 명령에 순종하지 않는다면 왜 하나님이 우리의 소명을 가르쳐 주셔야 하는가?

나는 사람들이 많이 차고 다니는 "예수님이라면 어떻게 하실까?"라고 쓰인 팔찌를 좋아한다. 그것은 우리가 주어진 모든 상황에서 어떻게 행동하고 반응해야 하는지에 대한 핵심을 짚는 말이다. 우리는 모든 상황 속에서 "예수님은 무엇을 가르치셨나?"라고 스스로 질문해야 한다.

예수님은 제자들에게 "너희도 가려느냐?"고 물으셨다. 나는 베드로의 대답을 좋아하는데, 그것은 나의 대답이기도 하다. 베드로는 "주여 영생의 말씀이 주께 있사오니 우리가 누구에게로 가오리이까"(요 6:68)라고 대답했다. 그리고 예수님은 바로 그 전에 "내가 너희에게 이른 말은 영이요 생명이라"(요 6:63)고 말씀하셨다.

예수님의 말씀을 묵상하고 우리의 삶을 그것에 맞게 설계하는 것은 우리에게 가장 큰 유익이다. "그 사람이 말하는 것처럼 말한 사람은 이때까지 없었"(요 7:46)기 때문이다.

성령님이 우리를 절묘하게 아름다우시고, 놀라우시고, 멋지시고, 귀중하시고, 무한히 지혜로우시고, 지극히 거룩하시고, 흔들림 없이 신실하시고, 사자같이 강하시고, 양같이 온순하시며, 완전히 공정하신 분의 형상으로 빚어 가게 하심으로써 우리에게 큰 유익이 된다. 예수님은 우리가 심판 자리에서 우리의 삶을 설명드려야 할 유일한 분이시다. 위엄 있는 그 자리에서 하나님 아버지는 물으실 것이다. "예수가 말한 것을 가지고 너는 무엇을 했느냐? 예수와 같이 되는 것을 네 목표로 삼았느냐?" 이 글을 읽는 모두가 이 질문을 받을 때 부끄러워하지 않기를 기도한다.

예수님의 가르침을 삶에 적용하기

1. 예수님의 가르침을 통해 하나님이 당신에게 개인적으로 말씀하셨다면 감사하고 찬양하라. 그렇게 하는 것은 겸손의 행위다.
2. 다음과 관련해, 당신이 그리스도의 삶의 기준에 못 미치는 영역이 있는지 주목하라.

- 아버지로부터 위임받은 임무를 달성하려는 굳은 마음과 강한 목적의식이 있는가? 당신은 그 목적에서 쉽사리 빗나가는 편인가?
- 예수님이 아버지를 대하시던 방법에서 보여 주신 겸손이 당신에게도 있는가?
  ① 절대 복종: "하나님이 내게 하라고 명하시는 일이라면 항상 '예'라고 대답하겠습니다"라고 정직하게 말할 수 있는가?
  ② 절대 의존: 모든 일에서 아버지의 뜻을 알고자 구하는가? 예수님은 "내 안에 사시는 아버지께서 그의 일을 행하시느니라"고 말씀하셨다. 당신은 "성령님이 없이는 (영적으로 중요한) 아무 일도 할 수 없다"고 말할 만큼 언제나 성령님께 의존하는가?
  ③ 절대 순종: 당신은 부분적이거나 늦어지거나 불평하지 않는 순종을 하는가?
  ④ 언제나 불신하지 않고, 하나님이 일하신다고 굳게 믿는가?
- 어린아이와 같아야 한다는 예수님의 말씀에서 강조되는 겸손이 당신에게 있는가?
- 책임의 무게에 대처하는 비결인 겸손이 당신에게 있는가?
3. 예수님은 모든 대화에서 투명하셨다. 언제나 백 퍼센트의 정직을 보여 주셨다.

4. 예수님은 위선이 전혀 없으셨고, 위선을 미워하셨다.
5. 예수님은 인간의 필요에 대한 긍휼함이 있으셨고, 그 필요를 만족시키기 위해 개입하셨다.
6. 예수님은, 그분의 일관성 있는 기도의 삶에서 나타나듯, 우선순위를 올바로 두고 계셨다.
7. 예수님의 가르치시는 사역에서 두드러진 특징은 무엇이었는가?
8. 예수님의 가르침에서 강조된 세 가지 주요 개념은 무엇이었는가?
9. 다음 세 가지가 당신의 삶에서 드러나는가?
- 알게 된 모든 죄에 대한 회개
- 예수님의 생애를 연구하고, 그분의 음성을 듣고, 그분에게서 배우고, 그분에게 순종하며, 그분에게 예배함을 통해 그분을 따름
- 단기로든 장기로든 전 세계에 복음을 들고 가라는 예수님의 명령에 응하며, 삶의 방식으로서 잃어버린 자들에게 전도함

10. 당신이 성령님의 다스리심에 복종함에 따라 점점 더 예수님을 닮아 가는 것이 당신 삶의 목표인가? 당신의 생활방식은 그것을 증명하는가?
11. 마지막으로, 당신 삶의 목적인 그리스도를 닮아 가는 것을 이루기 위해 당신이 변하기로 결심한 삶의 영역을 누군가에게 고백하라(로마서 8장 28절을 보라).

교만은 우리의 가장 큰 적이다. 그리고 겸손은 우리의 가장 큰 필요다. 당신은 예수님의 가르침에 관한 말씀들을 성경에서 찾을 수 있는가?

Jesus
The Model

친구관계에서 닮고 싶은 예수

수많은 하나님의 자녀들이 즐겨 부르는 찬송 중에 〈죄 짐 맡은 우리 구주〉라는 찬송이 있다. 우리는 이 찬송을 부를 때마다 마음에 평안과 위안을 얻는다. 그럴 수밖에 없다. 우리는 놀라우신 구주 예수님과 친밀한 관계를 경험하도록 창조되었기 때문이다.

기쁜 소식은, 예수님은 우리가 예수님과 아주 깊고 친밀한 친구가 되기를 간절히 바라신다는 것이다. 그리고 슬픈 소식은, 너무나 많은 사람들이 이것을 실현하지 못한다는 것이다. 그 이유는 우리가 시간을 들여 하나님의 말씀으로부터 예수님의 친구 같은 친밀함을 연구하지 않기 때문이 아닐까? 예수님의 친밀하심을 연구하면 할수록, 나는 이 놀라우신 분께 더 매료된다.

예수님을 최고의 영적 지도자이자 완전한 친구로 이해

하려면 먼저 기초로 돌아가야 한다. 예수님은 이 땅에 오셔서 인자로서의 역할을 담당하시면서 자신이 본질상, 관계상 하나님의 아들이라는 사실을 결코 잊지 않으셨다. 예수님의 충성과 책임은 먼저 아버지 하나님께 대한 것이었다. 그 수직관계를 소중하게 다루신 것이 수평관계에서 베푸신 힘의 주된 근거였다. 우리는 이 땅에서의 관계에 우리와 하나님과의 관계로부터 나오는 힘과 깊이보다 더한 것을 결코 주지 못한다.

이 땅에서 친구의 본 되신 예수님은 "나는 항상 그(아버지)가 기뻐하시는 일을 행하므로…"(요 8:29)라고 말씀하실 수 있었다. 이것은 예수님이 소년이었을 때부터 명백했다.

요셉과 마리아는 예수님을 며칠간 찾은 후에 그분이 성전에 앉아 종교 지도자들과 이야기하는 것을 발견했다. 왜 걱정을 끼쳤느냐는 마리아와 요셉의 질문에 대한 예수님의 대답은 단지 "어찌하여 나를 찾으셨나이까 내가 내 아버지 집에 있어야 될 줄을 알지 못하셨나이까"(눅 2:49)였다.

바울은 예수님의 관계의 초점이 항상 아버지께 있었듯, 우리의 관계의 초점도 예수님께 있어야 한다는 것을 알고 있었다.

너희는 값으로 사신 것이니 사람들의 종이 되지 말라(고전 7:23).

바울은 우리가 주님께 완전히 헌신해 살아야 함을 강조했다(고전 7:35).

우리가 예수님을 친구관계에서 우선순위로 삼지 않으면 우리의 모든 관계는 힘들어진다.[1] 하나님이 주신 친구관계에는 그분이 의도하신 목적이 있다. 하나는 하나님 나라의 확장을 위해 사역들을 함께 엮는 것이고, 또 하나의 목적은 서로의 필요를 충족시키는 것이다.

예수님은 겟세마네 동산에서 베드로, 야고보, 요한에게 자신의 절실한 필요를 표현하시며 "내 마음이 심히 고민하여 죽게 되었으니 너희는 여기 머물러 깨어 있으라"(막 14:34)고 말씀하셨다. 그리고 돌아오셔서 제자들이 자는 것을 보시고 "네가 한 시간도 깨어 있을 수 없더냐"라고 말씀하셨다. 예수님의 가장 친한 친구들은 자느라 그분이 절박하게 도움을 구하실 때 돕지 못했다.

하나님은 예수님이 이 땅에 계실 때 그분에게 세 명의 여인을 친구로 주셨다. 나는 그들이 예수님의 어머니 마리아, 베다니의 마리아, 막달라 마리아라고 생각한다. 그 여인들은 예수님께 충실하고 지극한 헌신을 보여 주었다. 인자로서 예수님은 남자와 여자 모두를 포함한 친구들을 필요로 하셨다. 그리고 그 필요는 아버지 하나님으로 인해 충족되었다. 예수님은 사회에서 동떨어진 고립된 은둔자가 아니었다.

우리도 하나님이 친한 친구들을 우리에게 보내 주실

것이라고 기대해도 좋다. 그러면 어떻게 그 친구들을 얻을 수 있을까? 이에 대한 일곱 가지 방법을 소개하겠다. 이것은 모두 성경적 원리다.

- 친구가 절실히 필요하다는 것을 인정할 수 있는 겸손함을 가진다.
- 진실한 친구들을 보내 달라고 하나님께 구하고, 그분의 때에 그렇게 하실 것을 믿는다.
- 하나님 말씀과 성령님의 이끄심에 순종하는 것을 삶의 방식으로 삼는다.
- 하나님이 친구들을 보내 주시면 진실하게 그들을 대하고, 우리가 그들에게서 배워야 할 것들이 있음을 인정한다.
- 친구들이 사랑으로 나를 감싸 주는 것을 성령님이 깨닫게 하시고, 친구들의 사랑이 하나님 말씀과 일치하면 기쁘게 받아들인다.
- 친구들에게 신실하고 충성되며 그들을 사랑하고 돌보는 헌신적인 친구가 된다.
- 친구들이 비밀로 이야기한 것을 절대로 다른 사람들에게 말하지 않는다.

예수님의 친구관계

예수님의 친구로서의 삶을 살펴볼수록, 우리는 그분의 삶에 순수하고 진실한 특징이 있는 것을 발견한다. 모든 상황에서 예수님은 창피함이나 거북함, 자기 의식, 또는 긴장이 전혀 없으셨다. 예수님은 진리 그 자체이시기 때문이다.

하나님은 진리가 우리를 자유롭게 하리라고 말씀하셨다. 아무것도 숨길 것 없이 투명할 수 있는 자유, 주저하지 않고 "즐거워하는 자들과 함께 즐거워하고 우는 자들과 함께 울"(롬 12:15) 수 있는 자유 말이다.

하나님이 인자이신 예수님께 주신 친구관계에 관해 우리가 이해해야 할 세 가지 중요 사항이 있다.

- 예수님의 친구관계에는 몇몇 부류가 있었다.
- 그 부류마다 친밀함의 정도가 있었다.
- 예수님의 친구는 남자와 여자를 다 포함했다.

예수님이 가르치시고 훈련하시던 사람들의 부류와 그들이 예수님께 친밀했던 정도를 살펴보자.

- 예수님이 둘씩 짝지어 전도하라고 보내신 70명이 있었다.

- 그들 중에는 열두 제자들이 있었다.
- 제자들 중에는 베드로, 야고보, 요한이 있었다.
- 예수님이 사랑하셨던 제자 요한이 있었다.

예수님의 친구였던 여인들도 살펴보자.

- 예수님과 그분의 제자들을 재정적으로 후원했던 여자들이 있었고, 특히 세 명이 헌신적이었으며, "다른 여러 여자가 함께하여 자기들의 소유로 그들을 섬"(눅 8:3)겼다.
- 예수님의 고난을 염려하여 그분이 갈보리로 가시는 길에 그분을 위로하려 했던 여자들이 있었다.
"예수를 섬기며 갈릴리에서부터 따라온 많은 여자가 거기 있어 멀리서 바라보고 있으니 그 중에는 막달라 마리아와 또 야고보와 요셉의 어머니 마리아와 또 세베대의 아들들의 어머니도 있더라."(마 27:55-56)

그 여인들의 부류에 막달라 마리아와 예수님의 어머니 마리아가 속했다. 그들은 모든 사람이 떠났을 때 마지막까지 남았으며, 아리마대 요셉이 예수님을 무덤으로 옮기는 것을 보았다. 그들은 이른 아침 살로메와 함께 예수님 몸에 향품을 바르기 위하여 무덤에 갔으나 무덤은 비어 있었다. 막달라 마리아는 혼자 무덤에서 나와 제자들이 있는 곳으로 달려갔고, 베드로와 요한에게 무덤이 비었으며 예수님의 몸이 어떻게 되었는지 모른다고 말했다(요 20장). 이것을 보면 마리아의 헌신이 얼마나 지극했는지 알 수 있다. 제자들이 빈 무덤을 보고 자기 집으로 돌아간 후에 마리아가 또 무덤에 혼자 돌아가 울며 자기 삶의 사랑이신 예수님을 찾은 사건에서 그녀의 깊은 헌신이 다시 드러난다.

마리아가 이 땅에서 부활하신 그리스도와 가장 먼저 우정을 나누는 사람이 되고, 예수님의 부활 소식을 인류에게 처음 전한 사람이 된 것은 어쩌면 당연하지 않은가! 막달라 마리아는 예수님께 얼마나 지극했을까. 그런데도 이 귀한 여자를 전에 매춘부였다고 계속 말하는 것은 참으로 아연할 일이다. 성경에 그녀가 매춘부였다고 꾸짖는 말씀은 단 한 군데도 없는데 말이다.

예수님과 베다니의 마르다, 마리아, 나사로와의 관계는 가족 부류에 속하는 친밀한 친구관계였다. 하지만 그 안에서도 마리아가 예수님과 가장 친밀한 관계를 가졌다. 마리아만이 예수님의 발 앞에 앉아 그분의 가르침을 열심히 들었다. 그리고 예수님의 발에 비싼 향유를 붓고 자기 머리털로 그분의 발을 씻었다(요 12:3). 이 지극한 헌신의 아낌없는 표현에 하나님의 아들은 확실한 말씀으로 보상하셨다. 그런데 놀라운 것은, 이런 친밀한 관계에 성적인 의미는 전혀 내포되지 않은 것이다. 하나님을 경외하는 마음을 가질 때 경건함과 진실함이 나란히 병행한다는 것을 보여 주는 훌륭한 본보기다.

예수님의 친구관계 중에 또 하나 재미있는 부류가 있다. 바로 예수님이 친히 사역을 베푸신 사람들과의 관계였다. 예수님이 삭개오라는 세리의 집에 가신 것, 우물가의 사마리아 여인에게 자신이 메시아임을 밝히신 것, 니고데모라는 율법 선생과 시간을 보내신 것 등 많은 경우가 있다.

하나님이 그분의 아들에게 다양한 부류의 친구들을 주셨기 때문에, 우리도 아버지 하나님이 우리의 친구관계를 계획하시고 준비하신다고 기대해도 좋다.

우리는 올바른 자리에서, 올바른 시간에, 올바른 말과 행동을 해야만, 즉 예수님이 이 땅에 계실 때 따라 사셨던 원칙대로 살아야만 친구라는 소중한 선물을 받을 수 있을 것이다.

친구들을 용서하셨던 예수님

예수님은 최고로 친절하신 분이었다. 성경은 친구를 가진 자는 그 자신도 친절해야 한다고 말한다(잠 18:24). 예수님은 사람들에게 무조건적인 사랑을 베푸셨다.

진정한 사랑은 겸손에 바탕을 두어야 한다. 우리는 겸손한 만큼만 사랑할 수 있다. 무조건적인 사랑은 상대방이 외롭거나 불의하거나, 자신의 잘못을 회개하거나 그러지 않거나, 사랑을 갚거나 그러지 못하거나 상관없다. 사랑에 대한 보상이나 감사도 필요로 하지 않는다. 이런 사랑은 완전히 초자연적인 사랑이다.

> 내 계명은 곧 내가 너희를 사랑한 것같이 너희도 서로 사랑하라 하는 이것이니라(요 15:12).

무조건적인 사랑은 성령님이 우리 삶에 깊이 들어오셔야만 가능하다.

> 우리에게 주신 성령으로 말미암아 하나님의 사랑이 우리 마음에 부은 바 됨이니(롬 5:5)

예수님은 자신에게 잘못한 사람들을 너그러이 용서하시며 무조건적인 사랑을 보여 주셨다. 예수님이 자신을 십자가에 매단 자들을 용서해 달라는 최후의 기도를 하신 것은, 그분이 평소에 언제나 용서하시는 분이었기에 가능했던 것이다.

> 아버지 저들을 사하여 주옵소서 자기들이 하는 것을 알지 못함이니이다(눅 23:34).

겟세마네 동산에서 예수님은 자신이 십자가에 달려 죽

음으로써 인류의 죄를 대신 짊어진다는 것과, 동시에 창세전부터 확고한 관계 속에 깊이 교제해 온 아버지로부터 떨어진다는 것이 무엇을 의미하는지 아셨다. 그것이 내포하는 의미는 우리의 한정된 이해를 훨씬 넘어선다. 그래서 예수님은 말할 수 없이 깊은 고통을 겪으신 것이다. 우리는 그저 예수님이 그 귀한 살갗에서 피를 땀방울처럼 흘리셨음을 알 뿐이다!

예수님의 제자였던 유다는 검과 몽치를 든 대제사장, 서기관, 바리새인들의 하속과 군사들의 큰 무리를 이끌고 예수 앞에 섰다. 유다는 "랍비여 안녕하시옵니까"라고 말하고 입을 맞춤으로써 누가 예수님인지를 알렸다. 그런데 예수님은 "친구여 네가 무엇을 하려고 왔는지 행하라"(마 26:50)는 믿기 어려운 대답을 하셨다. 잔혹한 배반과 거짓 애정이라는 위선 앞에서도 예수님은 유다를 친구라 부르시며 자신이 누구인지를 밝히셨다. 하나님이 유다가 예수님을 배반할 것이라고 알려 주셨을 때, 예수님은 유다를 용서하기로 선택하셨다.

> 그러나 너희 중에 믿지 아니하는 자들이 있느니라 하시니 이는 예수께서 믿지 아니하는 자들이 누구며 자기를 팔 자가 누구인지 처음부터 아심이러라(요 6:64).

우리는 사랑하는 만큼 상처를 입는다. 그래서 사랑하면

할수록 용서하는 법을 더 배워야 한다. 예수님은 가장 많이 사랑하시는 친구다. 예수님은 가장 많이 상처를 입으시고, 놀랍게도 가장 많이 용서하신다. 우리는 상처를 받으면 본능적으로 우리에게 상처를 입힌 사람에게서 멀어지려 한다. 교만은 "난 네가 필요 없어"라고 말한다. 그러나 겸손은 "난 네가 필요해"라고 말한다. 하나님은 유다를 가까운 동역자로 예수님께 주셨고, 예수님은 그 관계에서 결코 손을 떼지 않으셨다. 예수님은 유다의 구속을 위해 자기 생명을 내어 주셨다. 그러나 유다는 친구로서의 의리와 헌신을 저버렸다. 그것이 유다가 죽은 원인이었다.

베드로는 맹세와 저주까지 해 가며 가차 없이 주님을 세 번 부인한 후, 통곡했다.

> 주께서 돌이켜 베드로를 보시니 … 밖에 나가서 심히 통곡하니라(눅 22:61-62).

베드로는 예수님의 눈을 한 번 들여다보고서 그 즉시 깊이 회개했다. 어떻게 그럴 수 있었는가? 예수님의 뜨겁고 순전하며 거룩함으로 불타는 눈길 때문이었다. 그 눈은 모든 것을 품고, 인류가 여태까지 범한 가장 악한 죄까지 포함하여 모든 죄를 용서한다고 말하고 있었다. 헤아릴 수 없는 하나님의 사랑이 담긴 용서로 불타고 있었다.

완전한 친구이신 예수님은 베드로가 예수님이 자신을 정말로 용서하시리라는 사실을 믿기가 얼마나 어려울지, 또 자기 자신을 용서하기가 얼마나 어려울지 이해하셨다. 그것이 바로 하나님이 하늘 본부에서 특별 천사를 급파하셔서 빈 무덤에서 여자들에게 이 놀라운 말씀을 주신 이유다.

> 놀라지 말라 너희가 십자가에 못 박히신 나사렛 예수를 찾는구나 그가 살아나셨고 여기 계시지 아니하니라 … 가서 그의 제자들과 베드로에게 이르기를 예수께서 너희보다 먼저 갈릴리로 가시나니(막 16:6-7)

예수님은 베드로에게 주인의 용서에 대한 확신을 주길 원하셨다.

> 말하기를 주께서 과연 살아나시고 (다른 남자 제자들보다 먼저) 시몬에게 보이셨다 하는지라(눅 24:34).

하나님은 진정으로 회개하는 마음에 언제나 자비를 베푸신다. 제자들 모두가 이 진리를 믿을 필요가 있었다. 그들이 재판 때 예수님을 버리고 도망가고, 예수님이 죽은 자 가운데서 다시 살아나리라고 그들에게 반복하여 말씀하셨을 때 믿지 않은 것을 예수님께 용서받아야 했던 것이다. 불신의 죄는 하나님의 마음을 슬프게 할 뿐 아니라 하나님께 깊은 상처를 준다.

내가 남편과 함께 1971년부터 살아온 미국 땅을 위해 기도하던 중에 있었던 일이다. 우리는 하나님이 어느 나라에 대해 가장 마음 아파하시는지 말씀해 달라고 기도하던 중이었다. 하나님은 즉시 이런 말씀을 주셨다. "저들은 내 말인 성경을 부적절한 것으로 폐기해 버렸구나. 바로 나를 저버렸다."

우리는 하나님 앞에서 기다리며 그분의 슬픔을 다소간 느끼고 표현했고, 이 나라를 용서해 주실 것을 대신 간구했다. 우리가 계속 하나님을 찾자 하나님은 다시 말씀하셨다. "성경이 내 말임을 믿는 자들도 대부분 성경을 읽지 않는다."

우리는 하나님의 슬픔을 더 나누고, 용서를 더 구했다. 우리는 무엇이 그분에게 고통을 주는지 더 잘 이해하기 위해 사랑스러운 친구이신 예수님께 매달렸다. 마지막으로 하나님은 "성경이 내 말임을 믿고 읽는 자들도 때로 그 말을 믿지 않거나 삶에 적용시키지 않는다"고 말씀하셨다.

다윗이 "그들이 주의 법을 지키지 아니하므로 내 눈물이 시냇물같이 흐르나이다"(시 119:136)라고 말했을 때 어떤 느낌이었을지 우리는 깊이 이해했다.

우리는 때로 불신과 불순종으로 우리의 구주이시고 친구이신 예수님께 상처를 드리지만, 자비로우신 예수님은 진정으로 회개하는 마음에 언제나 용서를 베푸신다는 점을 기억하라.

예수님은 때로 친구들을 꾸짖으셨다

베드로는 거리낌 없이 말하는 성격이었기 때문에 예수님께 꾸짖음을 받는 경우가 많았다. 여기서 우리가 배워야 할 교훈이 있다. 사탄의 가장 유력하고 포착하기 힘든 책략 중 하나는 우리가 십자가, 곧 우리의 이기적인 욕망을 채우는 것들에 대한 죽음을 피해 가도록 유혹하는 것이다. 사탄은 우리가 하나님이 선택하신 길 대신에 쉬운 길을 택하도록 교묘히 유인한다.

베드로가 예수님에게 십자가에 못 박히는 것을 피해 가시라고 말했을 때, 예수님은 베드로가 인류 역사에서 가장 능력 있는 사건을 좌절시키려는 사탄의 계획에 협조하고 있음을 아셨다. 예수님은 가장 강한 꾸짖음으로 응답하셨다.

> 사탄아 내 뒤로 물러가라 너는 나를 넘어지게 하는 자로다
> (마 16:23).

'넘어지게 하는 자'라는 말은 덫, 또는 방해물이라는 뜻이다.

예수님이 높은 산에 올라가 베드로와 야고보와 요한 앞에서 변형되셨을 때, 베드로는 불쑥 초막 셋을 짓자는 제안을 던졌다. 모세와 엘리야가 나타나 예수님과 이야기를 나누었기 때문이다. 베드로는 모세와 엘리야에게 하나님의 아들과 동일한 수준의 경의를 표하자는 터무니없는 제안을 한 것이다. 이에 대한 응답으로 하늘로부터 소리가 났다.

> 이는 내 사랑하는 아들이니 너희는 그의 말을 들으라(막 9:7).

우리의 친구이신 예수님은 우리가 조용히 그분을 기다리면서 언제 무엇을 해야 할지 그분이 알려 주실 때까지 귀 기울이기를 원하신다. 우리는 그분을 기다려야 한다. 그러면 우리는 그분의 명확한 인도를 받는다.

> 나의 영혼아 잠잠히 하나님만 바라라 무릇 나의 소망이 그로부터 나오는도다(시 62:5).

> 내가 네 갈 길을 가르쳐 보이고 너를 주목하여 훈계하리로다(시 32:8).

예수님은 또 한 번 베드로를 꾸짖으셨는데, 사람들이 예수님을 체포하러 오자 베드로가 대제사장의 종의 귀를 칼로 베었을 때다. 그때 예수님은 베드로에게 이렇게 말씀하셨다.

> 칼을 칼집에 꽂으라 아버지께서 주신 잔을 내가 마시지 아니하겠느냐(요 18:11).

예수님은 베드로가 자신의 삶에서 십자가(자신에게 죽는 것)를 기꺼이 받아들여야 하므로 그것을 위해 그를 준비시키고 계셨다.

가장 가까운 사람들이 우리의 고통이 궁극적으로 하나님의 영광과 우리의 유익을 위한다는 사실을 이해하지 못할 때가 있다. 그때 우리는 성령님의 도움으로 분별해야 한다. 우리는 우리의 친구이신 예수님께 우리가 삶에서 어떤 방식으로든 십자가를 우회하도록 유혹할 만한 제안에 귀 기울였다면 우리를 꾸짖어 달라고 계속 기도해야 한다.

예수님이 제자들의 반복되는 불신에 대해 격심하게 꾸짖으신 점은 언제나 내 관심을 끈다. 그들의 불신은 정말로 예수님께 거슬렸다. 우리도 우리 마음속의 불신이 귀하신 주님께 어떤 영향을 미치는지 이해해야 한다.

악한 영에게 괴롭힘을 당하던 자기 아들을 예수님께 데려온 아버지가 있었다. 그는 자기가 그 아이를 제자들에게 데려갔으나 그들이 무능력하여 돕지 못했다고 말했다.

예수님은 "믿음이 없고 패역한 세대여 내가 … 얼마나 너희에게 참으리요 그를 이리로 데려오라"(마 17:17)고 말씀하셨다. 친구들의 마음속에 있는 불신은 예수님을 화나게 했다.

어느 날 내가 요한복음 1장을 천천히 묵상하고 있을 때였다. "그가 세상에 계셨으며 세상은 그로 말미암아 지은 바 되었으되 세상이 그를 알지 못하였고"라는 10절 말씀에 다다랐을 때 예기치 않은 일이 일어났다. 갑자기 성령님이 내가 막 읽은 놀라운 진리의 일부를 내게 드러내 주셨다. 말씀으로 만물을 지으신 우주의 창조자가 인간의 모습으로 이 땅에 오셨는데 사람들은 그를 알아보지도, 인정하지도 않았다! 나는 인간의 불신으로 인한 거절의 고통을 극히 일부나마 경험하면서 울음을 터뜨렸다. "자기 땅에 오매 자기 백성이 영접하지 아니하였으나." 11절을 읽으면서는 슬픔이 더 커졌다. 하나님의 백성, 곧 종교 지도자들을 포함한 유대인들과 예수님의 형제들까지도 예수님을 믿지 않았다.

거절의 고통을 겪어 본 사람만이 그 슬픔을 아주 조금이나마 동감할 수 있을 것이다. 우리는 무한한 이해력을 가지신 예수님이 우리의 마음을 깊이 동감하신다는 것을 확신해도 좋다. 하나님이 우리의 미래에 대해 어떤 방법으로든 말씀하셨는데 오랜 시간이 지나도 성취된 것이 없을 때, 불신으로 그분을 모욕하거나 그분께 상처를 주지

말자. 우리는 그분께 고통을 더해 드려서는 안 된다.²

예수님은 친구들을 보호하고 보살피셨다

하나님이 내 번지수를 잊어버리셨다고 생각하고 싶은 유혹이 들 때, 우리는 이 말씀을 묵상해야 한다.

> 너희에게 내가 그니라 하였으니 나를 찾거든 이 사람들이 가는 것은 용납하라 하시니 이는 아버지께서 내게 주신 자 중에서 하나도 잃지 아니하였사옵나이다 하신 말씀을 응하게 하려 함이 리라(요 18:8-9).

이 말씀은 예수님이 십자가에 못 박히시기 전, 막 끌려가실 찰나에 하신 말씀이다. 예수님은 친구들에게 "내가 결코 너희를 버리지 아니하고 너희를 떠나지 아니하리라"(히 13:5)는 약속을 지키고 계신다.

예수님의 염려하시는 사랑은 우리가 어떻게 아이들을 대해야 하는지에 관해 말씀하실 때 잘 드러난다. 그분의 친절하신 말씀에 귀 기울여 보라.

> 그는 목자같이 양 떼를 먹이시며 어린양을 그 팔로 모아 품에 안으시며 젖 먹이는 암컷들을 온순히 인도하시리로다(사 40:11).

예수님이 어떻게 자신과 아버지 하나님을 어린아이들과 동일시했는지 보라.

> 어린아이 하나를 데려다가 그들 가운데 세우시고 안으시며 제자들에게 이르시되 누구든지 내 이름으로 이런 어린아이 하나를 영접하면 곧 나를 영접함이요 누구든지 나를 영접하면 나를 영접함이 아니요 나를 보내신 이를 영접함이니라(막 9:36-37).

이 말씀은 어린아이를 거절하는 것이 곧 예수님을 거절하는 것임을 뜻한다. 예수님은 어린아이들을 예수님께 데려오는 사람들을 막는 제자들을 보시며 이렇게 꾸짖으셨다.

> 예수께서 보시고 노하시어 이르시되 어린아이들이 내게 오는 것을 용납하고 금하지 말라 하나님의 나라가 이런 자의 것이니라(막 10:14).

우리가 아이들을 대하는 모습을 보면 우리가 그리스도를 얼마나 닮았는지 짐작할 수 있다.

나는 예수님이 안식일에 눈먼 사람을 고쳐 주신 이야기를 통해서도 그분의 끈질긴 사랑을 생각한다. 바리새인들이 예수님과 그 소경을 얕잡아 보고 거절한 후에, 예수님은 그를 찾으러 나가셨다. 그리고 그에게 자신을 좀 더 완전히 나타내셨다. 예수님은 얼마나 사랑이 많으신지!

아마도 예수님의 헌신적이고 보살피는 사랑을 가장 절절하게 묘사한 그림은, 그분이 말할 수 없는 고뇌 가운데 십자가에 달려 계실 때일 것이다. 예수님은 헌신적인 어머니 마리아를 내려다보시며 그녀의 마음이 얼마나 격한 슬픔에 휩싸여 있는지 이해하셨다. 예수님은 가장 가까운 친구 요한을 쳐다보셨다. 예수님은 요한의 고통과 아픔의 깊이를 이해하셨다. 예수님은 그 두 사람이 앞으로 얼마나 절실하게 서로를 필요로 할지 아셨다. 그리고 무한한 사랑과 염려의 마음으로 그들이 함께 살 것을 권하셨다. 영원한 우정의 선물을 주신 것이다. 우리의 친구이신 예수님은 우리의 친구관계에 무엇이 필요한지 정확히 아신다. 그리고 그 필요를 채울 완전한 계획을 갖고 계신다.

어쩌면 당신은 마리아처럼 혼자되거나 배우자를 잃는다면 그것을 어떻게 감당할지 염려하고 있을지도 모르겠다. 그 고민이 무엇이든 우리가 보살핌을 받는 문제와 관련하여 걱정거리가 있다면, 우리는 한 가지 확실한 진리에서 위로를 얻을 수 있다. 예수님은 작은 참새 한 마리의 필요까지도 돌보신다고 하셨다. 그리고 당신과 나는 이 작은 새들보다 훨씬 더 소중한 존재다. 걱정하는 새를 본 적이 있는가?

그래도 미래가 걱정된다면 우리의 친구이신 예수님에 관한 놀라운 말씀을 들으며 안심하기를 바란다.

세상에 있는 자기 사람들을 사랑하시되 끝까지 사랑하시니라
(요 13:1).

예수님은 우리가 계속하여 그분을 예배하고 믿고 신뢰할 때 우리를 끝까지 돌보시겠다고 말씀하셨다.

예수님이 친구들을 향한 사랑을 아주 강력하게 표현하신 또 하나의 방법은 중보기도다. 요한복음 17장에는 예수님이 과거와 현재와 미래의 제자들 모두를 위해 아버지께 간청하신 다섯 가지 기도제목이 나온다.

- 연합은 언제나 예수님이 제자들에게 가장 바라시는 것이었다. 예수님은 제자들이 아버지의 이름으로 보전되고, 예수님과 아버지가 삼위일체 안에서 하나이듯 그들도 하나가 되게 해 달라고 구하셨다.
- 예수님은 제자들이 그들 안에 예수님의 기쁨을 충만히 가지게 해 달라고 구하셨다.
- 예수님은 제자들이 악에 빠지지 않게 해 달라고 구하셨다.
- 예수님은 제자들이 하나님 말씀의 진리로 거룩하게 되기를 구하셨다.
- 예수님은 모든 제자들이 하늘에서 아버지 하나님이 예수님에게 주신 영광을 함께 보게 되기를 구하셨다.

살면서 격려가 필요한 순간이 오면, 예수님의 놀라운 약속을 기억하라.

그가(예수님이) 항상 살아 계셔서 그들을(제자들을) 위하여 간구하심이라(히 7:25).

나는 예수님이 우리를 위한 끝없는 중보 사역에 대해 얼마나 많은 감사를 받으시는지 가끔 궁금하다. 돌아보니 나부터도 그분이 마땅히 받으셔야 할 감사의 일부조차 드리지 않았다. 참된 사랑에 대한 최고의 표현 가운데 하나는, 하나님이 우리에게 주신 친구들을 위해 기도하는 것이다.[3]

예수님은 친구들을 진리로 인도하셨다

예수님은 오직 가까운 제자들에게만 영문 모를 상황과 그들을 어리둥절하게 했던 가르침에 대해 설명하셨다. 나는 마가복음 4장 34절에 숨겨진 "다만 혼자 계실 때에 그 제자들에게 모든 것을 해석하시더라"는 문장을 좋아한다. 이 말씀은 예수님이 무리에게 오직 비유로만 말씀하셨다는 구절 바로 뒤에 나온다. 이것으로 보아, 예수님과 친밀한 친구로 지내는 이들에게는 그분이 비밀을 보여 주시리라 기대해도 좋을 것이다.

여호와의 친밀하심이 그를 경외하는 자들에게 있음이여 그의 언약을 그들에게 보이시리로다(시 25:14).

마태복음 13장을 보면, 제자들이 예수님께 왜 다른 사람들에게는 비유로 말씀하시느냐고 묻는 장면이 나온다. 이에 예수님은 "천국의 비밀을 아는 것이 너희에게는 허락되었으나 그들에게는 아니 되었나니"(마 13:11)라고 대답하셨다. 그리고 계속하여 사람들에게 씨 뿌리는 자의 비유를 설명하셨다.

여기서 우리가 기억해야 할 것이 있다. 하나님의 성품 중에서 이 부분은 너무나 소홀히 다루어지는 부분이지만 나는 이미 그 성품을 언급했다. 그것은 바로 하나님의 신비다(롬 11:33).

예수께서 대답하여 이르시되 내가 하는 것을 네(베드로)가 지금은 알지 못하나 이후에는 알리라(요 13:7).

내가 아직도 너희에게 이를 것이 많으나 지금은 너희가 감당하지 못하리라(요 16:12).

예수님은 성령이 오셔서 그들을 진리로 인도하실 것이라고 말씀하셨다. 우리는 이 말씀에서 무엇을 배울 수 있을까?

예수님은 우리가 각자의 미래에 대해 묻는 것이 지혜롭지 못하다고 말씀하고 계시는 것이다. 우리의 미래에 대해서는 그분만이 아시기 때문이다. 또한 그 말씀은 하나님이 우리를 믿음의 사람으로 키우시기 위해, 우리가 그분의 자취를 찾지 못할 때도 그분의 성품을 신뢰하는지 시험하시려고, 우리의 기도에 대한 응답과 우리에게 주신 약속의 이행을 늦추신다는 것을 뜻한다. 욥은 이 시험을 크게 치러야 했다! 하나님이 결국 그를 어떻게 구하셨는지 보라. 예수님은 그를 더 크게 성장시키셨다!

> 형제들아 주의 이름으로 말한 선지자들을 고난과 오래 참음의 본으로 삼으라 보라 인내하는 자를 우리가 복되다 하나니 너희가 욥의 인내를 들었고 주께서 주신 결말을 보았거니와 주는 가장 자비하시고 긍휼히 여기시는 이시니라(약 5:10-11).

하나님은 때로 가장 가까운 친구들이 고난을 당하는 것을 허락하심으로써, 그들이 설명하기조차 힘든 극한 시련들을 헤쳐 나가 결국에는 승리하도록 도우시고 가르치신다. 하나님은 욥뿐 아니라 바울에게도 그렇게 하셨다. 우리는 하나님 말씀으로부터 그분의 성품을 알고, 특히 그분의 공정하심을 깨달아야 시험이 주는 가혹함을 견딜 수 있다.

섬기는 리더십에 대한 모든 상을 예수님께 드린다 해

도 그것으로 공정한 대우를 했다고 하기에는 여전히 충분하지 않다. 예수님이 인내심을 가지고 종교 지도자들과 군중에게 진리를 가르치시고, 제자들을 가르치시고 훈련시키신 무수한 시간들을 생각해 보라. 예수님은 항상 아버지 하나님에 관한 진리를 보여 주셨고, 아버지가 인류를 구속하시려고 그 아들 예수를 이 땅에 보내셨음을 수많은 방법으로 증명하셨다(눅 24:7).

지속적이고 철저하며 기름 부으심이 있는 사역에는 치러야 할 큰 대가가 있다. 그 대가를 치른 사람만이 이 말의 뜻을 이해할 것이다. 하나님의 말씀을 가르치라고 부르심을 받은 자들을 향한 엄한 경고의 말씀이 있다.

> 내 형제들아 너희는 선생 된 우리가 더 큰 심판을 받을 줄 알고 선생이 많이 되지 말라(약 3:1).

바로 다음 구절은 우리의 삶이 우리의 말과 일치하는지의 여부에 대해 하나님께 책임을 져야 한다고 설명한다.

> 우리가 다 실수가 많으니 만일 말에 실수가 없는 자라면 곧 온전한 사람이라 능히 온몸도 굴레 씌우리라(약 3:2).

여기서 '온전한'이라는 말은 '더할 나위 없이 견실함', '흠 없음', '성숙함' 등을 뜻한다. 선생들은 굉장한 영향력이 있으며, 하나님은 가짜 선생이 늘어나는 것을 원하지 않으신다! 우리는 45분에서 60분 혹은 그보다 조금 더 긴 시간 동안 말씀을 듣고서, 그 말씀이 권세 있게 전해지기 위해 예수님이 수 시간 또는 수일간 준비와 기도를 하신 것에 대해서는 대개 생각하지 못한다.

예수님의 섬기는 정신은 대단히 실제적인 방법으로 드러나기도 했다. 우리는 그분의 장엄한 광채, 불타는 듯한 영광, 경외케 하는 거룩함, 그리고 무한한 능력을 깊이 생각할수록, 그분이 해변에 나타나 친한 친구들을 위해 따뜻한 아침 식사를 준비해 놓으셨음에 감탄한다. 나는 그런 예수님의 모습에 참으로 감명을 받았다. 준비과정은 아마 이러했으리라. 예수님은 미리 떡을 사 놓으셨을 테고, 해안에서 물고기를 잡고 땔나무와 석탄을 모으고 접시와 수저, 기름과 프라이팬, 소금과 성냥이 있는지 확인하셨을 것이다. 나라면, 그 새벽에 접대는 고사하고 정신이 들지도 않을 것이다. 게다가 야외에서! 얼마나 멋진 친구이시며, 근사한 요리사이신가! 이 장면이 감동적이라면, 다음 시나리오는 어떤가?

우선 예수님은 우주를 통치하시고 그 위에 군림하시는 주권자라는 점을 명심해야 한다. 그렇지 않으면 요점을 놓치고 만다. 또한 우리는 이 엄청난 겸손의 표현을 둘러싼 상황을 이해해야 한다. 예수님이 직면하여 경험하신 것에 관해 우리가 정말로 깊이 생각한다면, 그 정서적 상처는 감당하기 힘들 정도로 크다.

예수님은 친한 친구 유다가 자신을 곧 배반하리라는 사실을 알고 계셨다. 예수님은 베드로가 주님을 부인하고 그분의 제자들 모두가 그분을 버리리라는 현실에 직면하고 계셨다. 예수님은 겟세마네의 고뇌와 사탄이 인간들에게 불어넣은 증오의 총공격까지 받아 내셨다. 채찍질, 조롱, 수치, 잔인함과 마주 대하셨던 것이다.

그런 상황에서 인간의 몸을 입으신 영광의 왕 예수님은 대야를 가져다가 물을 담아 열두 제자 한 사람 한 사람의 발을 씻기시고 수건으로 닦으셨다. 그리고서 제자들에게, 그리고 우리에게 분명히 말씀하셨다.

> 내가 주와 또는 선생이 되어 너희 발을 씻었으니 너희도 서로 발을 씻어 주는 것이 옳으니라 내가 너희에게 행한 것같이 너희도 행하게 하려 하여 본을 보였노라(요 13:14-15).

그리고 예수님은 강력한 한 마디 말씀으로 이 명령을 강조하셨다.

> 너희가 이것을 알고 행하면 복이 있으리라(요 13:17).

이보다 더 분명한 것이 있는가? 그러면 우리는 왜 이 명령에 좀처럼 순종하지 않는가? 하나님이 보시기에 우리에게 가장 필요한 것은 '겸손'이라서 그 필요를 충족시킬 결정적인 방법을 마련하신 것일까? 내 삶에서 가장 역사적이고 의미 깊은 성령님의 역사는 모두 이 명령을 지킬 때 일어났다.

남아프리카공화국 더반에서 국제 YWAM은 그곳의 많은 교파들과 협력하여 열흘 동안 'GO 축제'를 연 적이 있다. 여러 명의 국제 강사들이 참석한 가운데 수천 명의 사람들에게 말씀을 전했다. 주제는 세계 전도였다. 우리는 능력이 충만한 찬양과 예배, 열방을 위한 중보의 시간을 가졌고 또 거리에서 전도를 했다.

그 영광스러운 날들 중 가장 의미 깊은 사건은 대규모 세족식 때 일어났다. 그 전 강의 시간에는 믿는 자들간의 연합이 강조되었다. 그리고 이제 그것이 실제로 증명되고 있었다. 흑인, 백인, 아프리카인, 줄루인, 인도인, 여러 교파의 수많은 사람들이 모두 그리스도 예수 안에서 하나가 되었다. 그리고 많은 이들이 이런 경험은 처음이라고 고백했다.

세족식을 할 때 사람들은 누구의 발을 씻길지 성령님의 인도를 받아야 했는데, 모두가 다른 인종에게 가라는 지시를 받았다. 성령님은 각자 그 사람의 발 앞에 앉아 발을 씻기고 그에게 주님의 사랑을 말하라고 하셨다. 그리고 그 사람의 가장 깊은 필요가 채워지도록 어떻게 기도해야 하는지 하나님께 인도를 구하며 기다린 후, 하나님이 말씀하시면 소리 내어 기도하라고 지시하셨다. 우리는 성령님의 인도하심에 따라 일회용 물수건으로 세족식을 진행했다. 아주 간단하지만, 효과적인 방법이었다.

그 역사적인 행사 때 일어난 영적 역학을 적절히 묘사하기란 거의 불가능하다. 하나님의 명백한 임재가 피부로 느껴질 만큼 뚜렷했고 영적, 신체적 치유와 인종간의 화해 가운데 표적과 기적이 행해졌다. 그날은 하늘의 영광을 이 땅에서 맛본 날이었다.

예수님은 친구들을 격려하셨다

예수님은 베드로를 자주 꾸짖기는 하셨지만 또한 그를 격려하기를 기뻐하셨다. 베드로가 "주는 그리스도시요 살아계신 하나님의 아들이시니이다"라고 선포한 후에 예수님은 "바요나 시몬아 네가 복이 있도다 이를 네게 알게 한 이는 혈육이 아니요 하늘에 계신 내 아버지시니라"(마 16:17)는 말씀으로 베드로에게 후한 칭찬을 해 주셨다.

한 여인이 예수님의 머리에 값비싼 향유를 부어 자기의 헌신을 아낌없이 드러냈을 때, 예수님은 전에 없던 격려의 말씀을 하셨다.

내가 진실로 너희에게 이르노니 온 천하에 어디서든지 이 복음이 전파되는 곳에서는 이 여자가 행한 일도 말하여 그를 기억하리라 하시니라"(마 26:13).

우리는 "이 천국 복음이 모든 민족에게 증언되기 위하여 온 세상에 전파되리니 그제야 끝이 오리라"(마 24:14)는 말씀을 기억해야 이 격려의 진가를 온전히 알 수 있다. 예수님이 그 여인에게 하신 격려의 말씀은, 여인이 예수님께 겁도 없이 쏟아 부은 지극한 사랑의 행위가 이 땅의 모든 민족에게 알려지리라는 뜻이었다. 대단하지 않은가!

나는 예수님이 자기가 가진 전부를 헌금함에 넣은 가난한 과부를 일부러 사람들 앞에서 높이신 기사를 좋아한다. 하늘나라에 가면 그녀를 찾아 그때의 이야기를 듣고 싶다. 종종 그 일에 대해 생각하면 호기심이 당긴다. 그녀는 드렸고, 그러니 당연히 받았을 것이다.

한 이방인 군대 장관은 어느 날 정말로 예수님의 이목을 끌었다. 예수님이 이 사람의 믿음에 감탄하셨을 정도다. 이 백부장은 자기 하인이 병들어 절박한 상황에 처하자 예수님께 도움을 청했고 예수님은 가겠다고 말씀하셨다. 그러나 백부장은 예수님이 말씀만 하시면 하인이 완전히 치유되리라고 믿었기에 그럴 필요가 전혀 없다고 대답했다. 이에 예수님은 감명을 받아 사람들 앞에서 "내가 진실로 너희에게 이르노니 이스라엘 중 아무에게서도 이만한 믿음을 보지 못하였노라"(마 8:10)고 말씀하셨다. 이 말씀을 듣고 겸손하고 믿음으로 충만한 군대 장관이 얼마나 큰 격려를 받았겠는가!

어쩌면 하나님은 오늘 당신이 누군가에게 격려의 말을 해 주기를 원하실지도 모르겠다. 그 격려가 그 사람에게 어떤 의미로 다가갈지는 알 수 없다. 어쩌면 당신을 통한 친절이 누군가에게 엄청난 위로와 용기를 가져다줄지도 모른다. 나는 예수님이 남편과 나를 한 사람을 통해 아주 크게 격려하신 때를 결코 잊지 못한다. 그의 이름은 르랜드 파리스(Leland Paris)로, YWAM 리더 중 한 명이다.

수년 동안 나는 우리 집 융자로 진 빚에서 건져 달라고 기도해 왔다. 우리는 1971년 YWAM에 들어온 이래로 믿음으로만 살아왔다. YWAM에는 월급이 없기 때문이다. 나는 하나님이 그런 끈질긴 믿음의 기도에 어떻게 응답하실지 전혀 알지 못했다. 그래도 나는 부지런히 기도했다. 남편도 기도로 나와 함께 짐을 졌다.

우리는 필리핀에서 열린 YWAM 국제간사대회에 참석 중이었고, 나는 그때 강의를 맡았다. 당시 65세이던 남편은 심장 쪽에 대수술을 받은 뒤였고, YWAM 국제지도부회의(International Leadership Council)에서 직위를 내려놓으라고 하나님께 분명한 인도를 받은 후였다. 또한 성령님으로부터 남편의 사역의 은사를 내 은사와 차차 융합해 가라는 인도를 받았다. 나는 남편의 도움이 절실히 필요했다.

우리가 집회 장소에 올라갔을 때 YWAM 리더들이 친

절하게도 우리에게 존경을 표했다. 그때 우리의 친구 르랜드가 2만 5,000달러짜리 수표를 우리에게 증정하여 일생일대의 기쁜 충격을 안겨 주었다. 우리는 즉시 빚에서 벗어났다. 얼마나 잊지 못할 순간인지! 얼마나 신실하신 하나님인지! 얼마나 격려가 되는 친구인지!

르랜드는 우리가 눈치 채지 못하게 세계 전역에 있는 친구들의 이름과 주소를 알아냈다. 그리고 편지를 써서 재정적으로 우리를 축복할 기금 마련에 기부할 생각이 없느냐고 물었다. 그 중 어떤 이들은 YWAM 소속이었고, 어떤 이들은 우리를 위해 정기적으로 기도하는 사람들이었다. 우리는 성령님의 감동에 응하여 우리를 격려한 그의 귀한 수고에 영원한 빚을 졌다. 또한 그 기금 마련에 참여하여 우리로 빚에서 해방될 수 있게 해 준 모든 이들에게 깊이 감사한다. 얼마나 소중하고 격려가 되는 친구들인지 모른다.

예수님은 우리의 고통을 이해하신다

예수님이 우리의 고통을 이해하시는 첫 번째 이유는, 하나님은 무한하시며 그분의 지혜가 무궁하기 때문이다 (시 147:5). 그분의 무궁한 지혜 때문에 우리가 겪고 있는 것을 이해하시는 그분의 능력의 깊이에는 제한이 없는 것이다. 이는 큰 위로가 되는 말씀이며, 우리가 지금 당장 하나님께 감사할 이유다.

예수님이 우리의 고통을 이해하시는 두 번째 이유는, 그분이 누구보다 더 많이 고통을 당하셨기 때문이다.

> 그는 멸시를 받아 사람들에게 버림받았으며 간고를 많이 겪었으며 질고를 아는 자라 마치 사람들이 그에게서 얼굴을 가리는 것같이 멸시를 당하였고 우리도 그를 귀히 여기지 아니하였도다(사 53:3).

우리가 어떤 슬픔을 겪고 있는지, 우리가 처한 상황이 얼마나 끔찍한지에 상관없이 우리 귀한 주님이 이미 그것을 겪으셨음을 알기 바란다. 이것은 우리에게 얼마나 커다란 위로가 되는가! 그분은 우리를 긍휼히 여기시는 것으로 끝나지 않고 고통 속에 있는 우리와 하나가 되신다. 하나님 앞에서 우리를 대신해 대제사장의 역할을 담당하시는 것이다.

> 만물이 그를 위하고 또한 그로 말미암은 이가 많은 아들들을 이끌어 영광에 들어가게 하시는 일에 그들의 구원의 창시자를 고난을 통하여 온전하게 하심이 합당하도다(히 2:10).
> 우리에게 있는 대제사장은 우리의 연약함을 동정하지 못하실 이가 아니요 모든 일에 우리와 똑같이 시험을 받으신 이로되 죄는 없으시니라(히 4:15).

예수님은 우리의 우정을 원하신다

예수님은 한 번도 제자들에게 자기 뜻을 억지로 강요하지 않으셨다. 부활하신 후, 두 명의 제자와 함께 엠마오로 가실 때 "그들이 가는 마을에 가까이 가매 예수는 더 가려 하는 것같이 하"(눅 24:28)셨다. 그들이 집에 들어오시라고 예수님을 초청했을 때 비로소 예수님은 승낙하시고 그들과 함께 음식을 드셨다.

예수님은 우리의 우정을 원하시며, 그것이 없으면 외로워하신다. 그분은 우리와 친밀한 관계를 맺으시려고 우리를 창조하셨다. 요한복음을 보면, 많은 사람들이 그를 따르다가 돌아서고 난 후 예수님이 가까운 제자들에게 "너희도 가려느냐"고 물으시는 장면이 나온다(요 6:67). 또한 예수님은 베드로가 그분을 진정으로 사랑하는지에 대해 관심이 많으셨기에 베드로에게 세 번이나 같은 질문을 하셨다!

성경은 우리를 향한 예수님의 사랑을 풍부하고 생생하게 표현한다.

> 나는 내 사랑하는 자에게 속하였도다 그가 나를 사모하는구나(아 7:10).

> 나는 내 사랑하는 자에게 속하였고 내 사랑하는 자는 내게 속하였으며(아 6:3)

예수님은 우리에게 가장 큰 도전과 가장 큰 보상을 주시는 친구다. 그분은 이렇게 말씀하신다.

아무든지 나를 따라오려거든 자기를 부인하고 날마다 제 십자가를 지고 나를 따를 것이니라 누구든지 제 목숨을 구원하고자 하면 잃을 것이요 누구든지 나를 위하여 제 목숨을 잃으면 구원하리라(눅 9:23-24).

예수님이 주시는 보상은, 세상에서 가장 신비로운 분과의 친밀한 관계다. 그분은 내가 애써 일하게 시키시고 나를 호되게 시험하시지만, 내가 버릇이 없어질 만큼 잘해 주신다. 그분만이 나를 온전히 완성시킬 유일한 분이시다. 그분은 왕이신 하나님이요 내 영혼의 애인이다.

예수님의 가르침을 삶에 적용하기

1. 예수님의 가르침대로 예수 그리스도를 본받아 살고 있는가?
2. 성경에서 예수님의 삶을 연구해 보았는가?
3. 어떤 결정을 내려야 할지 확신이 서지 않을 때, 항상 멈추어 "예수님이라면 어떻게 하실까?"라는 질문을 하는가?
4. 예수님이 본을 보여 주신 대로, 당신에게 하나님이

주시는 친구관계가 필요함을 인식하는가?
5. 친구들과 함께할 때 예수님의 성품이 당신에게 드러나는가? 그분의 성품이 모두 드러나는가 아니면 일부만 드러나는가?
6. 사람들에게 좀 더 그리스도를 닮은 친구가 되기 위해서 예수님과 항상 친밀한 관계를 유지하려고 노력하는가?
7. 예수님이 친구로서 보이신 특징 중 당신의 삶에 좀 더 적용해야 할 것은 무엇인가?

- 의사소통에서 애매하거나 불분명하지 않고 똑바름
- 남자, 여자 모두와의 관계에서 경건하고 자연스러움
- 무조건적인 사랑
- 섬기는 정신
- 다른 이들의 실질적인 필요를 충족시키거나 남들을 위해 하찮은 일을 하는 배려
- 우리에게 잘못한 자들을 완전히 용서함
- 습관적으로 마지막 순간에 정보를 알려 주는 것이 아니라 앞으로의 일을 신실하게 이야기해 줌
- 지치지 않고 진리를 가르쳐 줌
- 믿지 않는 자들과 친구가 되어 그들을 그리스도께 인도함
- 강한 자와 그리 강하지 못한 자들을 다 격려함
- 충실한 중보기도

- 친구가 고통을 당할 때 보호하고 염려하며 보살피는 사랑
- 겸손과 온순함과 사랑으로 필요한 부분을 바로잡는 성실함
8. 당신이 어느 부분에서 예수님의 본대로 살지 못했는지 깨닫게 해 달라고 기도하고, 그분 앞에서 깨어진 마음으로 회개하라.
9. 성령님의 도움으로 예수님의 형상을 좀 더 닮아가기로 결심하라.

Jesus
The Model

영혼 구원에서 닮고 싶은 예수

예수님은 모든 일에서 우리의 본이 되신다. 예수님이 어떻게 사람들을 천국으로 인도하셨는지 이해하려면, 그분의 이 땅에서의 삶을 면밀히 연구해야 한다. 예수님은 사람의 아들로서 몇 가지 기본 원칙에 근거해 일하셨다.

첫 번째 원칙은 아버지의 뜻을 행하는 것이었다.

내가 하늘에서 내려온 것은 내 뜻을 행하려 함이 아니요 나를 보내신 이의 뜻을 행하려 함이니라(요 6:38).

인자가 온 것은 잃어버린 자를 찾아 구원하려 함이니라(눅 19:10).

바울은 예수님의 첫 번째 원칙을 잘 이해하고 있었다. 그래서 이렇게 말할 수 있었다.

> 그가 모든 사람을 대신하여 죽으심은 살아 있는 자들로 하여금 다시는 그들 자신을 위하여 살지 않고 오직 그들을 대신하여 죽었다가 다시 살아나신 이를 위하여 살게 하려 함이라(고후 5:15).

예수님은 꾸밈없고 직선적인 말투로 모든 제자들에게 아주 단순한 명령을 하신다.

> 나를 따라오라 내가 너희를 사람을 낚는 어부가 되게 하리라(마 4:19).

단순하게 생각하면, 우리가 사람들을 전도하고 그들이 주 예수를 믿도록 인도하는 것은 예수님을 따르는 것의 자연스러운 결과라고 결론지을 수밖에 없다. 그 밖에 무슨 뜻이 또 있겠는가? 우리가 예수님을 모르는 사람들에게 우리 믿음을 말해 주지 않는다면, 우리는 그분을 따르고 있지 않는 것이다.

예수님을 따르는 중요한 목적은 다른 사람들이 그분을 발견하고 따르게 하려는 것이다. 그러면 우리의 현실을 보고 이 명백한 질문에 대답해 보자. 우리는 삶의 방식으로서 그 목적을 실현하고 있는가? 바울의 뜨거운 도전에 귀 기울여 보라.

깨어 의를 행하고 죄를 짓지 말라 하나님을 알지 못하는 자가 있기로 내가 너희를 부끄럽게 하기 위하여 말하노라(고전 15:34).

나는 유명한 성경교사이자 저자였던 한 분의 간증에 큰 영향을 받은 적이 있다. 그는 인생의 마지막 순간을 앞두고, 인생을 다시 살 수 있다면 무엇을 하겠느냐는 질문에 이렇게 대답했다. "훨씬 더 자주, 잃어버린 자들에게 그리스도에 대한 내 믿음을 이야기하겠습니다." 정신이 번쩍 드는 답변이 아닌가!

죄책감 때문에 또는 그렇게 해야 마땅하다고 알고 있기 때문에 억지로 사람들에게 전도해서는 안 된다. 전도는 매일의 삶에서 흘러나오는 자연스러운 일상이어야 한다. 내가 어릴 때, 우리 부모님은 전도를 삶으로 보여 주셨다.

어머니는 우리 집에 찾아온 거의 모든 사람에게 전도를 하셨다. 우리가 살던 곳은 상점에서 멀리 떨어져 있었고 어머니는 차가 없었다. 그래서 소매상인이 정기적으로 집에 들러 주문을 받아 가고 물건을 가져다주고는 했다.

식료품이나 고기를 주문하는 동안 어머니는 소매상인에게 차를 한 잔 건네시며 아버지가 직접 쓰신 복음 전도지를 주셨다. 그리고 어머니의 삶에 그리스도가 실재하심을 증언하고 그 사람의 필요를 위해 기도하셨다. 어머니는 또 언제나 가능한 모든 방법으로 가난하고 궁핍한 자들에게 손길을 뻗으셨다.

우리 아버지는 훌륭한 복음전도자요, 성경교사요, 목사로서 바울처럼 생계를 위해 일을 하셨다. 아버지는 바울과는 달리 아내와 다섯 명의 자녀를 부양해야 하셨다. 그러나 바울처럼 기회가 주어질 때마다 그리스도의 실재를 증언하고 복음을 전파하셨다. 교회에서, 라디오 방송에서, 글을 통해, 개인적 전도를 통해 그렇게 하셨다. 어린아이였던 내게 전도는 행사가 아니라 정상적인 삶의 방식이었다. 먹고 자는 것만큼이나 일상적인 일이었다. 얼마나 훌륭한 유산인가! 얼마나 큰 특권인가! 또 얼마나 큰 책임인가!

> 무릇 많이 받은 자에게는 많이 요구할 것이요 많이 맡은 자에게는 많이 달라 할 것이니라(눅 12:48).

이런 연유로 나는 열 살 때 친한 친구를 전도하여 그리스도께 인도했다. 그 친구는 나중에 어른이 되어 어린 시절 바로 그때 예수님을 영접했다고 말했다.

영혼 구원의 선구자요, 길이요, 진리요, 생명이신 예수님이 일하신 두 번째 원칙은 아버지의 명령에 복종하고 순종하여 사는 것이었다. 그것만이 그분의 목표를 달성할 수 있는 유일한 길이었다.
 예수님은 한 번도 아버지의 구체적인 지시 없이는 잃어버린 자를 얻으려고 시도하지 않으셨다.

> 내가 진실로 진실로 너희에게 이르노니 아들이 아버지께서 하시는 일을 보지 않고는 아무것도 스스로 할 수 없나니 아버지께서 행하시는 그것을 아들도 그와 같이 행하느니라 아버지께서 아들을 사랑하사 자기가 행하시는 것을 다 아들에게 보이시고(요 5:19-20)

> 아버지께서 나를 보내신 것같이 나도 너희를 보내노라(요 20:21).

 예수님께 의존하고 순종하는 삶을 살려면 우리는 날마다 하나님의 말씀인 성경 안에서 홀로 하나님과 보내는 시간을 가져야 한다. 우리는 그분의 목소리를 듣고 그분이 말씀하시는 것에 순종해야 한다. 그리고 그분에게 예배를 드리고 찬양을 드려야 한다.
 또한 효과적으로 전도하려면 반드시 성령님으로 능력을 입어야 한다. 우리는 "오직 성령이 너희에게 임하시면 너희가 권능을 받고 … 내 증인이 되리라"(행 1:8)는 멋진 약속을 의지하면 된다.

우리에게 어떤 죄가 있든지 깨닫게 해 달라고 날마다 하나님께 구하고, 그분이 보여 주시는 것은 모두 회개해야 한다. 그리고 나서는 하나님이 용서해 주심에 감사드리면 된다.

> 의에 주리고 목마른 자는 복이 있나니 그들이 배부를 것임이요(마 5:6).

> 오직 성령으로 충만함을 받으라(엡 5:18).

우리는 하나님의 일을 하기 위해 능력을 받아야 할 절실한 필요를 깨달으면서 하나님 앞에 나온다. 우리는 그분의 성령이 우리에게 임하여 우리를 완전히 통치하시기를 구한다. 그런 후에는 그분이 그렇게 하시리라고 단순히 믿는다. 그러면 실제로 그분은 그렇게 하신다.

지식의 말씀이라는 초자연적 은사(고전 12:8)는 하나님이 종종 사용하시는 강력한 수단이다. 이 은사도 성령으로 능력을 입은 결과이며, 은사들은 하나님이 그분의 주권으로 그분의 뜻에 따라 주신다(고전 12:11). 캘리포니아 주 파웨이에 있는 크리스천 라이프 어셈블리(Christian Life Assembly) 교회 밥 매덕스(Bob Maddux) 목사가 전해 주는 놀라운 간증은 이를 잘 설명하고 있다.

1964년에 고등학교를 졸업한 후 나는 그 해 가을, 샌프란시스코 베이에 있는 대학에 진학했다. 나는 그 즈음 싹트기 시작하여 그 지역에 퍼져 가던 대항(對抗) 문화에 깊이 빠졌다. 나는 마약과 '히피' 생활 방식을 시험해 봤고, 이것은 곧 영적 대안에 대한 호기심으로 이어졌다. LSD와 다른 환각제의 '체험'으로 나는 전에 한 번도 경험해 보지 못했던 영적 측면을 접했다. 나는 자라면서 여러 교회에 다녔다. 그러나 내가 접해 왔던 전형적인 '교회'에 대해서는 마음이 움직이지 않았다.

1966년 12월 어느 날, 나는 내 이상주의적인 세계관을 뒤흔든 LSD 체험을 했다. 초자연적인 세계는 갑자기 아주 무서운 곳이 되어 버렸다. 나는 마약으로 인해 이 영역의 악한 세계에 우연히 부딪혔다. 악마를 마주 대했다고 보아도 좋을 것이다. 한 가지 확실한 것은, 내가 초자연적인 세계가 실재한다는 사실을 믿게 되었다는 것이다.

그리스도인들이 내게 전도하기는 했지만 그 모두가 그저 말에 지나지 않는 것 같았다. 친절하고 재미있는 말이지만 그래도 단지 말일 뿐이었다. 캘리포니아 주 빅서에서 사막 도시 조슈아 트리에 이르는 파란만장한 방랑 여행 후, 나는 1967년 가을에 고향 치코로 돌아와 무감각 상태에 빠졌다. 나는 그 모든 '추구' 끝에 텅 빈 마음만 안은 채 원위치로 돌아왔다.

바로 그때쯤 대학교 근처, 어느 집에서 열리는 모임에 초대를 받았다. 그날 밤에는 열아홉 살짜리 설교자가 설교를 한다고 했다. 그것 자체가 내게는 완전히 이례적으로 보였다. 내가 여태까지 보아 왔던 대부분의 설교자는 나와 전혀 상관이 없는 나이 많은 사람들이었다. 나는 매력을 느껴 호기심을 가지고 모임에 참석했다. 내 인생이 영원히 바뀔 찰나에 놓여 있었다.

그날 밤 25명의 대학생들과 함께 자리에 앉았을 때 멋진 노래가 먼저 내 마음을 울렸다. 그들이 찬양으로 하나님께 자신의 마음을 표현하는 데 뭔가 다른 열정이 있었다. 나는 전에 한 번도 그런 것을 들어 본 적이 없었다.

그 후 나는 마치 모든 신경이 불타는 것 같은 신경과민을 느끼기 시작했다. 꼭 어떤 세력이 내가 그 방에서 나가기를 원하는 것 같았다. 그 느낌이 너무나 강해서 그저 자리에 앉아 있기 위해 내 의지를 전부 사용해야 했다. 그러나 나는 내가 무슨 일을 겪고 있는지 주변 사람들이 알지 못하게 하려고 굳게 마음먹었다. 과거에 나는 다양한 묵상을 해 보았다. 그래서 평화로운 명상을 하여 주변 사람들에게 내가 '희열'의 상태에 있는 것처럼 보이려고 했다. 나는 아무도 내 진짜 상태를 눈치 채지 못하고 있다고 자신하고 있었다.

바로 그때 열아홉 살짜리 젊은 설교자가 일어나 학생들에게 말하기 시작했다. 그의 이름은 마리오 뮤릴로였다. 그는 짧게 깎은 머리에 검은 눈동자를 가졌고, 어렸지만 지혜로웠다. 내 기억에 그가 일어나서 처음 한 말은 "지금 이 방에 심한 신경과민을 느끼는 사람이 있습니다"였다.

이 말은 아주 단순하게 들렸지만 그 안에 진정으로 뭔가 깊은 것이 있었다. 마치 이 젊은 사람이 예기치도 않게 내 영혼 안을 들여다본 것 같았다. 마치 하나님이 건물의 지붕을 들어 올리고 손가락으로 나를 가리키며 "나는 실재한단다"라고 말씀하시는 것 같았다. 내가 그때 신경과민을 겪고 있음을 마리오가 알았을 리 없다. 갑자기 나는 하나님이 계심을 깨달았다. 내가 주위 세상으로부터 숨기던 내면의 고투까지 포함하여 나에 대해 전부 아시는 능력과 지식의 하나님이 계심을 알았다.

나는 손을 들어 마리오의 말을 인정했다. 그는 내게 방 한가운데에 있는 의자에 앉으라고 권했다. 내 몸은 온통 떨렸고 나는 죄를 깊이 자각하고 있었다. 마리오는 내게 벗어나야 할 악한 영 셋이 있음을 하나님이 보여 주셨다고 말하면서 내가 하나님께 굴복하면 해방되리라고 말했다. 나는 절망적이었고 그에게 협조했다. 마리오는 주 예수의 이름으로 그 악한 영들을 쫓아냈고, 나는 너무나 신속하게 거기에서 해방되었다. 이것은 그에게도 처음 해 본 경험이었다.

마리오는 내게 그리스도를 주님으로 모시는 기도를 따라서 하라고 했다. 그 기도에는 내가 그동안 몰두했던 다른 종교와 철학을 저버리는 회개의 말도 포함되었다. 나는 예수가 진리임을 시인했다. 그것은 참 빛이신 그리스도와 내가 전에 따랐던 거짓 빛 사이의 분명한 구분이었다. 마리오는 내가 성령으로 세례를 받도록 기도해 주었다. 하나님의 권능이 나를 만졌고, 나는 곧 방언으로 기도했다. 그 언어는 내 속 깊은 곳에서 터져 나오는 듯했고, 처음에는 몇 마디에 불과했지만 몇 주 만에 분명하고 뚜렷하고 유창한 표현이 되었다.

지식의 말씀을 통한 하나님의 초자연적인 능력은 내 삶을 사로잡았던 현혹의 마력을 깨뜨렸다. 나는 하나님이 악한 자의 초자연적 능력을 능가하시는 권능의 하나님이심을 즉시 이해했다. 그로부터 39년이 지나고 거의 36년 동안 전임으로 사역한 지금, 나는 하나님의 능력의 실재가 내 삶을 통해 흘러 나가 '어딘가에 있는 하나님'을 찾고 있는 사람들을 만지시기를 갈망한다.

우리는 하나님이 원하시는 그 잃어버린 자에게로 우리를 인도하시도록 기도해야 한다. 나는 바로 그때가 흥분되는 전도의 모험이 시작되는 때임을 발견했다! 전도에 대해 수동적이면 그런 기회는 나타나지 않는 것처럼 보인다. 아니면 영적으로 둔해져서 그 기회들을 알아보지 못하는지도 모른다. 그러나 전도의 모험은 너무나 쉽게 일어나는 일이다!

우리가 하나님께 구하기만 하면, 우리가 그리스도께로 인도해야 할 잃어버린 자들을 쉽게 찾을 수 있다. 복음을 나누는 것은 아주 자연스러운 일이다. 또한 아주 필요한 일이다. 성령님의 인도와 통치를 받는다면 쉬운 일이기도 하다. 그리고 스릴 넘치고 성취감 있는 일이다.

다음 이야기는 하나님이 삶의 도처에 복음의 이야기를 갈망하는 사람들을 준비해 두셨음을 말해 주는 이야기다.

어느 토요일 저녁, 우리 부부가 집 근처 한 이란 식당에서 저녁을 먹을 때 있었던 일이다. 우리는 새로 온 젊은

웨이터에게 신변에 관한 이런저런 질문을 던졌다. 그는 이란 사람으로 대학에서 항공공학을 공부하면서 학비를 대기 위해 식당에서 아르바이트를 한다고 말했다. 우리는 그가 진지한 문제들에 유달리 관심이 많고 우리의 관심을 기꺼이 받아들이는 것을 알아챘다. 우리의 따뜻한 접근이 그로 하여금 놀랄 만큼 짧은 시간에 자신을 열어 보이게 한 것 같았다.

그는 유창한 영어로 자신은 회교도가 아니며 최근에 개종하여 콥트 기독교인(Coptic Christian)이 되었고 아르메니아 교회에 다닌다고 했다. 우리는 즉시 우리가 예수 그리스도를 따르는 자이며, 1970년부터 선교사로 살면서 세계 전역을 널리 다녔고, 그가 그리스도 안에 새 신자임을 알게 되어 너무 기쁘다고 말했다.

그런데 그가 깜짝 놀란 것은 우리가 해 준 그 다음 이야기 때문이었다. 우리는 페르시아어를 하는 목사와 성도들을 알고 있는데, 그들은 성령님의 능력 안에 생기가 넘치는 사람들이라고 말해 주었다. 그러자 그는 믿을 수 없다는 듯 우리에게 재차 확인했다.

우리는 바로 다음 날 그 교회 예배에 그를 데려갔다. 예배는 오후 1시에 시작했다. 그 교회는 캘리포니아 주 밴나이스의 거리에서 예배를 드리는 많은 소수민족 교회 중 하나였다. 예배 후에, 미국 이름이 밥인 그 청년은 열일곱 살짜리 여동생 아나히타도 가족이 미국에 오기 전 독일에 있을 때 그리스도를 영접했다고 말했다. 그때 동네에 사는 그리스도인이 아나히타를 정기적으로 침례교회 주일학교에 데려간 덕분이었다. 그의 부모님은 모두 기독교인이 아니라고 했다.

밥의 어머니 메리는 누군가 자기 아들과 친구가 되어 준 것이 너무 고마워서 예배 후에 우리를 그들이 사는 조그만 아파트로 초청했다. 밥과 아나히타는 미국에 온 지 얼마 안 되었는데도 놀랄 만큼 영어가 유창한 반면, 우리가 만난 이 외로운 중년 여성은 페르시아어와 독일어 외에는 거의 하지 못했다.

우리는 가족사진을 보여 주는 메리의 이야기를 두 자녀의 통역을 통해 들으며 몇 시간 동안 머물렀다. 우리는 구원의 길을 메리에게 말하고 「주 예수 그리스도께 삶을 드림」이라는 제목의 소책자를 건네 주었다. 우리는 그녀가 페르시아어를 말하는 교회에 가면 환영받고 사랑받을 거라고 말해 주었다. 그리고 나는 메리를 감싸 안고 사랑한다고 말했다. 메리는 울음을 터뜨렸다. 그녀는 이국땅에서 받아들여지고 사랑받기를 갈망했으며, 종종 우울증으로 고생했다. 메리는 우리 사랑에 대한 응답으로 우리를 어머니 아버지라 불렀다.

그들은 재정적으로 상당히 어려웠는데, 우리가 선물로 주는 돈을 한참 후에야 마지못해 받았다. 우리는 그 돈은 하나님이 우리의 새로운 관계를 축복하시며 주시는 선물이라고 말했다.

그 주에 남편과 나는 메리의 구원을 위해 간절히 기도했다. 그 다음 주일에 메리는 밥과 함께 이란 교회에 갔으며, 예수님을 구주로 받아들이라는 초청에 즉시 응했다. 그녀는 침례의 성경적 의미를 배우는 교육과정에 참석했고, 그 후 세례를 받았다. 그리고 여성 성경공부 모임에 열심히 참여했으며, 수년 동안 주일예배도 빠지지 않았다. 메리의 삶의 변화는 깊고 진실했으며 지금도 그러하다. 완전한 변화인 것이다!

그 귀한 가정에 더 크고 잡기 어려운 물고기가 있었으니, 바로 밥의 아버지 카르미였다. 식당에서 주차시키는 일을 하는 그는 1주일에 7일을 근무해야 했다.

우리는 정기적으로 그 작은 아파트를 방문해 메리와 밥과 아나히타와 생기 넘치는 교제를 나누었다. 메리는 훌륭한 이란 음식을 준비하고, 두 자녀들은 성경과 그리스도인의 믿음에 대해 몇 시간씩 질문하고는 했다. 그들을 제자로 훈련하는 일은 정말 신나는 일이었다. 그들은 뜨거운 열정으로 배우려 했다.

예쁘고 대단히 영리한 아나히타는 유달리 빠른 속도로 내게 다음과 같은 질문을 퍼붓곤 했다.

"사탄과 맞닥뜨린 경험이 있으세요?"

"그럼."

"사람에게서 사탄을 쫓아낸 적은요?"

"있지."

"이야기해 주세요."

나는 사건 하나를 이야기해 준다.

"또 하나 이야기해 주세요."

나는 그렇게 한다.

"하나님이 말씀하시는 걸 들어 본 적이 있으세요?"

"있지."

"몇 번이나요?"

"너무 많아서 기억도 안 나고 세지도 못하겠는 걸."

"하나님이 어떻게 말씀하셨나요?"

"여러 가지 방법으로 하셨지."

"하나만 말씀해 주세요."

나는 한 경우를 들어 설명한다.

"하나 더 말씀해 주세요."

이런 형태의 대화는 끊임없이 계속되었다. 나는 영적 진리를 배우기 원하는 갈망이 이렇게 뜨거운 사람은 본 적이 없었다.

그들이 우리 집에 온 적도 있었다. 한번은 그리스도를 믿는 믿음 때문에 이란 교도소에 9주 동안 감금되어 심한 고생을 했던 YWAM 선교사 한 분을 그들에게 소개시켜 주었다. 그는 아직도 이란 사람들을 많이 사랑하고 있다. 밥은 대단히 영리하고 예의 바르며 자기 세대와 문화가 그리스도 안에서 삶의 목적을 찾는 데 열심을 내고 있다. 하나님이 선교 일에 이 두 사람을 연결시킬 목적을 가지고 계셨다는 것을 누가 알았겠는가?

여러 주 동안 카르미의 개종을 위해 뜨겁게 기도한 후 어느 토요일 늦은 밤, 우리는 밥의 작은 아파트에서 카르미가 주차 일을 마치고 집에 돌아오기를 기다리고 있었다. 우리는 전에 밥의 가족이 우리 집에 놀러 왔을 때 그를 한 번 만난 적이 있었다. 그는 아주 호감이 가는 사람이었으며, 우리가 물질적으로 그들을 도와준 데 대해 대단히 감사하게 여겼다. 그는 우리가 그를 진심으로 사랑하는 것을 알았다. 친구관계를 통한 전도는 그 다음에 일어난 일의 기초를 닦아 놓았다.

카르미가 집에 돌아온 것은 자정쯤이었다. 그의 가족들과 우리 부부가 함께한 가운데 나는 애정이 깃들인 편안한 방법으로 예수가 하나님의 아들이라는 그리스도의 주장을 그에게 말해 주었다. 나는 그리스도가 십자가에서 죽으시고 부활하심으로써 우리 죄에 대한 벌을 대신 받으셨다고 설명했다. 그리고 우리가 죄를 회개하고 그분께 용서를 구하며 우리 안에 들어와 달라고 초청하면, 그분은 그렇게 하시고 말씀대로 우리에게 영생을 주실 것이라고 말했다. 나는 또한 우리의 의지를 그분께 굴복시키고 그의 주 되심을 다른 사람들에게 드러내어 인정하는 것이 중요하다고 분명히 말했다.

설명을 마치고 나는 카르미에게 삶을 예수님께 드리겠

느냐고 물었다. 그의 단호한 대답을 나는 결코 잊을 수 없다. "제 인생을 그분께 드리죠. 왜 안하겠습니까?" 우리 모두 앞에서 카르미는 내가 그에게 준 소책자에 쓰인 광범위한 내용의 기도를 한 자 한 자 주의 깊게 소리 내어 기도함으로써 그리스도께 삶을 드렸다.

우리는 그에게 주일에 예배를 드릴 수 있는 직장을 찾아야 한다고 말했지만, 한편 그가 언어 장벽도 있는데 직장을 구하는 것이 얼마나 어려울지 마음 깊이 이해했다. 하지만 이 새 신자는 하나님께 진심이었다. 수개월간 그가 참석할 수 있는 유일한 예배는 도상교회의 주일 아침 8시 영어 예배뿐이었다. 오전 11시까지 일하러 가야 했기 때문이다.

카르미가 하나님을 우선으로 삼자 하나님은 그가 주일에 쉬는 훨씬 더 좋은 직장을 얻도록 길을 열어 주셨다. 이제 그는 가족과 함께 이란 교회에 다닐 수 있게 되었다. 그 교회의 목사님은 카르미의 확고한 믿음과 뜨거운 예배에 너무나 감명을 받았다고 우리에게 말해 주었다. 그는 한 번도 예배에 빠지지 않고 하나님의 말씀을 완전히 빨아들였다. 그 후 그는 물세례의 성경적 의미와 성령으로 능력을 입을 필요에 관한 교육과정에 참여했으며, 물세례와 성령세례를 모두 받았다.

우리가 그 작은 아파트에서 또 한 번 감격적인 시간을 보낸 것은 아나히타가 이란 교회에서 만나 결혼한 새 신랑과 그의 가족, 그리고 시카고에서 온 메리의 오빠와 우리가 모두 함께한 때였다. 우리는 모두 열한 명이었다. 얼마나 놀라운 밤이었는지!

이란 사람인 메리의 오빠는 우리에게 인생의 의미와 영원의 문제에 대해 아주 지적이고 의미 있는 질문들을 계속 던졌다. 남편과 나는 전적으로 성령님께 의존하여 대답했으며, 성령님의 지혜가 막힘없이 우리 사이에 흘렀다. 너무 신나는 일이었다.

모두 메리의 진수성찬을 함께 나누는 동안, 나는 내 옆에 앉은 아나히타의 시아버지 쪽으로 고개를 돌려 "예수님을 개인적으로 만난 적이 있으세요?"라고 물었다.

그는 "예"라고 대답했다. "꿈에 제게 나타났죠. 저는 그가 문 앞에 서서 문을 두드리는 것을 보았어요. 그는 저를 쳐다보았는데 아무 말도 안 했어요. 그리고서 꿈에서 깨어났죠. 그 꿈을 절대 잊지 못하는데, 제대로 이해하지는 못했어요."

"아!" 나는 말했다. "아주 큰 뜻이 있네요. 그 만남의 목적을 이해하시도록 도와드릴게요." 나는 성경책을 꺼내 요한계시록 3장 20절을 찾았다. 그리고 우리 마음 문을 예수님께 열어 그가 들어와 우리 안에 살며 우리와 영원히 교제하게 하라는 예수님의 초청의 말씀을 크게 읽으라고 그에게 말했다. 예순두 살이 된 이 사람은 그 진리를 한 번도 들어 본 적이 없었고, 그래서 더 알기를 갈망했다. 나는 그 기회를 포착해 구원의 도를 그에게 제시했다. 그리고 성경 구절을 차근차근 보여 주고 소책자 「주 예수 그리스도께 삶을 드림」에 제시된 단계들을 하나하나 설명했다.

나는 6개월 전 밤 12시에 바로 그 방에서 카르미가 그리스도의 초청에 응했으며 완전히 변화된 삶을 체험하고 있다고 이야기했다. 그러자 카르미는 최근에 두 번 다리에 심한 통증을 느껴 거의 걸을 수가 없었다고 말했다. 그는 즉시 주님께 도와 달라고 요청했는데, 주님이 두 번 다 기적적으로 치유해 주셨다고 했다. 아나히타의 시아버지는 이 모든 말을 듣고 나서 그 방에 있던 모든 사람이 지켜보는 가운데 그리스도께 헌신하는 기도를 드리고 그분을 구주로 시인했다.

이 모든 일이 일어나는 동안, 남편과 나는 서른 살 된 그의 딸이 집중하여 이야기를 듣고 있음을 눈치 챘다. 그녀는 "하나님의 음성을 듣는 것이 정말 가능한가요? 하나님은 사람들과 이야기하시나요?"라고 물었다. 남편은 그녀가 진실하게 진리를 추구하는 기회를 잡아 그녀 옆에 가서 그리스도의 주장을 설명하는 놀라운 시간을 가졌다. 남편은 그녀에게 구원의 도가 분명하게 제시된 책을 한 권 건네주었다.[1] 남편은 그녀의 진실함을 확인했으며, 계속해서 던지는 그녀의 현명한 질문들에 대해 자신의 의견을 말했다. 그녀의 남동생 아리시는 자기 누이가 그 책을 읽었으며 그 내용을 아주 좋게 평가했다고 나중에 말해 주었다.

우리는 그 주일에 너무나 흥분되고 감격스러워서 잠을 이룰 수 없었다. 새벽 2시가 넘어서야 겨우 잠자리에 들었다.

미국에는 언어를 배우느라 고투하고 재정적인 어려움과 싸워 나가는 외로운 외국인들이 수없이 많다. 하나님의 계획은 그들을 예수 그리스도 안에 있는 생명과 자유에 노출시키는 것이다. 우리가 잃어버린 영혼들에 대해 하나님이 주시는 부담을 가지고, 그들의 고난과 번민을 불쌍히 여기며, 그들에게 팔을 뻗어 다가간다면 그들의 삶은 놀랍게 변화될 것이다.

나는 하나님의 계획에 협조하는 것보다 더 신나는 일을 생각할 수 없다. 이것은 우리에게 큰 유익이며 말할 수 없는 축복이다. 이것은 복잡하지 않다. 하나님이 원하시는 사람들을 당신에게 데려와 달라고 날마다 구하라. 그리고 성령님이 인도하실 때 즉시 순종하라. 그러면 장담하건대 다시는 평범한 길로 돌아설 수 없을 것이다. 동시에 천국의 인구가 늘 것이다.

예수님의 모든 만남에는 다음의 특징들이 있었다.

- 예수님은 사람들의 영적 복지뿐 아니라 당시의 상황에도 깊은 관심을 보이셨다. 그리고 그들의 가장 깊

은 필요에 대해 긍휼한 마음을 가지셨다. 예수님이 그들에게 다가가신 방법은 절대로 컴퓨터식 방법이 아니었다.
- 예수님은 자신의 평판이나 편안함에 상관없이, 아버지가 인도하시는 각 사람에게 전도하고자 하는 강한 마음이 있으셨다.
- 사람의 필요를 충족시키기 위해 아버지께 기도하는 것은 예수님의 생활방식이었다(눅 5:15-16).
- 예수님은 성령의 능력을 입으셨다(눅 3:21-22).
- 예수님은 잃어버린 자들을 향한 마음의 부담이 있으셨다. 바로 이것이 그들에게 다가가는 가장 강한 동기였다. 그리고 이것은 우리도 마찬가지다.

우리는 얼마나 많은 사람들이 아직도 복음을 듣지 못하고 있는지 여러 통계를 통해 본다. 그래서 전도의 여러 방법을 공부하기 위해 개인 전도, 대중 전도에 관한 좋은 프로그램에 참여하기도 한다. 혹은 하나님과 영적 지도자들에 대한 의무감에서 전도하는 경우도 있다. 우리는 말씀을 전하면서도 잃어버린 영혼을 향해서는 아무런 부담을 느끼지 않을 수도 있다. 하지만 예수님이 원하시는 것은, 우리가 잃어버린 영혼을 향한 부담을 가지고 효과적으로 전도하는 것이다.

예수님의 전도 전략

예수님의 첫 번째 전도 전략은 사람들이 있는 곳으로 가는 것이었다. 이것은 영혼을 구원시키는 일의 대부분이 회당 밖에서 이루어졌다는 뜻이다. 예수님은 사람들이 그분을 찾아 성전으로 오기를 기대하지 않으셨다. 예수님이 먼저 그들에게 가셨다.

예수님은 점심 때 우물가에서 사마리아 여인을 발견하셨다. 해변에서는 어부였던 안드레, 베드로, 야고보, 요한을 발견하셨다. 세리인 마태는 그가 일하는 중에 발견하셨다. 예수님은 부유한 세리였던 삭개오를 여리고 거리의 나무 위에서 발견하시고는 그의 집에 가서 그와 이야기하셨다. 그리고 길가에서 앞 못 보는 거지 바디매오를 발견하셨다. 예수님은 거라사 호숫가에서 귀신 들린 광인 한 명을 발견하셨다. 그리고 길을 가시다가 날 때부터 소경이었던 사람을 발견하셨다.

우리에게 이것은 무엇을 의미하는가? 그 답은 누가복음 9장 1-2절에 나온다.

예수께서 열두 제자를 불러 모으사 모든 귀신을 제어하며 병을 고치는 능력과 권위를 주시고 하나님의 나라를 전파하며 앓는 자를 고치게 하려고 내보내시며 그 다음 구절들을 보면 제자들이 사람들이 있는 곳으로 가라는 지시를 받았음을 알 수 있다.

> 이르시되 여행을 위하여 아무것도 가지지 말라 … 제자들이 나가 각 마을에 두루 다니며 곳곳에 복음을 전하며 병을 고치더라 (눅 9:3-6).

이 말씀들을 볼 때 병든 자를 위하여 기도하는 것이 복음을 전하는 것의 일부였음을 분명히 알 수 있다. 우리는 예수님의 전도방법을 결코 개선할 수 없다. 그것이 바로 그가 본으로 보여 주신 방법이기 때문이다.

나는 CCC(Campus Crusade for Christ)의 한 젊은 복음전도자가 어느 회교 마을에서 〈예수〉(Jesus)라는 영화를 통해 복음을 전한 것을 보고 깊은 감명을 받았다.

> 우리 팀은 (아주 힘든 지역에서) 1주일에 6번 정도 버스에서 전도하고 있었다. 우리는 큰 마을을 향해 가면서 동료 한 명을 미리 보내 촌장과 만나 영화 〈예수〉를 상영할 수 있게 허락을 구하고 그 상영을 알리게 했다.
>
> 내가 도착했을 때 그 동료는 촌장을 설득하려고 애쓰고 있었으나 헛수고였다. 촌장은 그 영화와는 아무런 관련도 짓고 싶지 않다며 이렇게 선언했다. "나는 회교도고 회교 지도자요. 나는 회교 사원을 이끌고 있고 이 마을 촌장이요. 이 마을이 생긴 이래

다른 종교가 들어온 적은 한 번도 없소. 당신들은 여기서 아무 일도 못할 거요!"
나는 성령님을 내 인도자로 삼고 정중히 대답했다. "저희는 촌장님과 이 마을 사람들에게 영화 〈예수〉를 보여 드리고 복음을 전하며 병든 자를 고치러 왔습니다."
그는 대답했다. "지금 뭐라고 했소? 병든 자를 고친다고? 정말이요? 정말 가능하단 말이요?"
"예. 우리가 영화 〈예수〉를 보여 드리고 복음을 전하게 허락하시면 가능합니다."
그는 부촌장을 쳐다보며 아무 말도 하지 않았다. 잠시 침묵이 흘렀다. 그리고 그는 고개를 돌려 나를 보며 말했다. "정말이요? 병든 자를 고친다고? 좋소. 그럼 허락하겠소."
그의 허락을 받아 영화 팀은 커다란 축구장에서 일을 시작했다. 그들은 영사장비와 발전기를 차에서 내리고 영사막과 스피커와 조명 등을 설치했다. 그리고 돌아다니며 영화를 상영한다고 알렸다.
그날 밤 대략 5,000명의 사람들이 와서 축구장을 메웠다. 무슨 일인가가 일어나고 있었다. 영사기가 돌기 시작할 때, 나는 차에 가서 영화가 끝났을 때 이 사람들에게 할 말을 가르쳐 달라고 기도했다.
그들은 영화에 큰 감명을 받았다. 너무 많은 부분이 그들에게는 낯설었지만, 또 너무나 놀라웠다. 그들은 이 선한 사람의 인생과 그의 십자가에 달림과 부활에 큰 충격을 받았다.

나는 사람들이 이렇게 열심히 귀 기울여 듣는 것을 본 적이 없었다. 성령님이 온 축구장과 마을 전체 위에 떠다니며 사람들을 어둠에서 불러내시는 것처럼 느껴졌다. 그분의 임재는 매우 강했다.

나는 마이크에 대고 외쳤다. "여러분 중에 구주가 필요한 분이 몇 분이나 계십니까?" 거의 전원이 손을 들었다. 내 오른쪽에 젊은이들 한 무리가 있었다. 그들 중 몇몇이 손을 들고 "우리 죄를 용서받기 원합니다!"라고 소리쳤다. 그러자 다른 사람들도 "우리 죄를 용서받기 원합니다!"라고 외쳤다.

모두가 하나님께 자비를 베풀어 달라고 부르짖기 시작했다. 그 순간 나는 5,000명 전원을 인도하여 구원의 기도를 시켰다. 그리고 그들에게 말했다. "예수는 구주이시며 치료자이십니다. 병든 자는 누구든지 앞으로 나오십시오." 한 명씩 아픈 자들이 나왔다. 처음에는 허리에 문제가 있는 열두 사람이 나왔다. 예수님은 즉시 그들 모두를 고치셨다. 사람들은 여덟 살짜리 귀 먹은 소년을 데리고 나왔다. 주님은 그 아이도 고치셨다. 사람들은 계속 나왔으며 계속 고침을 받았다. 하나님은 그분의 말씀과 그분의 아들을 확증하며 일하고 계셨다! 그저 믿기 어려울 뿐이었다. 내 오른편에는 마을과 회교 사원의 지도자인 촌장이 서 있었다. 나는 그에게로 고개를 돌려 "무슨 일이 일어나는지 보고 계시죠?"라고 말했다.

그는 대답했다. "물론이요. 마을 사람들에게 내가 한 마디 해도 되겠소?" 내가 그에게 마이크를 건네주자 그는 몇 발자국 앞으로 나와 5,000명을 향해 말했다.

"어떤 사람도 하나님이 그와 함께하지 않으시면, 또 우리에게 온 이 사람들과 함께하지 않으시면 지금 여러분이 본 이런 일을 할 수 없을 테니, 지금 우리가 본 일은 다 진짜입니다. 하나님이 이들과 함께 계십니다. 자, 마을의 아픈 사람들을 모두 데려오십시오! 지금 집에 가서 다 여기로 데려오십시오!"

내가 계속해서 사람들을 위해 기도할 때 한 남자가 내게 달려왔다. 그는 딸을 안고 있었다. 그 아이는 시각장애인으로 태어난 일곱 살짜리 아이였다. 그는 "제발 우리 딸을 위해 기도해 주십시오"라고 애원했다.

내가 물었다. "예수님이 이 아이를 고치시리라고 믿습니까?"

그는 대답했다. "그러니까 이 아이를 데려왔지요!" 나는 기도하고서 내 손을 그 아이의 얼굴 위로 지나가게 했다. 아이는 움직이기 시작했고, 내 손길을 따랐다. 아이는 볼 수 있었다!

아이는 머리를 무대와 조명 쪽으로 돌렸다. 조명과 눈에 보이는 모든 것에 그저 놀라워했다. 아버지는 여전히 아이를 팔에 안고서 "보이니? 보여?"라고 물었다.

아이는 눈을 그에게로 돌려 생전 처음으로 아버지의 얼굴을 보았다. 아버지의 목소리는 들었지만 얼굴을 본 적은 없었다. 아이는 대답했다. "아버지가 보여요."

우리 하나님은 정말 멋지시다! 그날 사람들은 그들의 언어로 상영된 영화〈예수〉를 통해, 또 그것을 확증하는 기적들을 통해 복음이 눈앞에서 현실로 되는 것을 보았다. 그들은 그들의 마음속까지 다가오신 하나님의 살아 있는 말씀을 체험했다.

나는 잃어버린 자들을 찾는 데 있어서 이 부분이 너무나 중요하다고 믿는다. 간증을 하나 더 들려주겠다. 이번에도 누가복음을 그대로 재현한 영화 〈예수〉를 사용한 CCC 사역 이야기다. 여전히 배경은 회교도가 대부분인 지역이다.

사람들은 예수님의 기적, 그분의 구속하는 죽음과 영광스러운 부활의 이야기에 도취되었다. 그들은 자신들에게는 아주 낯선 그분의 사랑과 용서의 개념에 마음이 사로잡혔다.

영화가 끝났을 때, 복음전도자가 트럭 위에 올라가서 군중에게 말했다. 그는 복음을 다시 전하고, 하나님이 그에게 주신 마가복음 9장 23절 말씀을 선포했다. "믿는 자에게는 능히 하지 못할 일이 없느니라."

그때 뒤쪽에 있던 한 불구자가 "내가 다시 걸을 수 있다고 믿습니다!"라고 소리쳤다. 사람들은 고개를 돌렸다. 모든 시선이 그를 향했다. 순간 고요해졌다. 그 사람은 천천히 앞을 향해 팔로 기어 오기 시작했다. "나는 믿어요. 믿어요. 나는 믿습니다!"라고 외치는 그의 눈에서는 눈물이 흘러내리고 있었다.

마침내 그가 복음전도자가 서 있는 곳에 도달하자 복음전도자는 긍휼한 마음으로 그를 쳐다보며 "예수의 이름으로 걸으라!"고 명했다. 그러자 하나님이 간섭하셨다. 깜짝 놀란 군중이 구경

하는 가운데 그 사람은 일어나 한 발자국, 또 한 발자국, 그리고 또 한 발자국을 떼었다. 그는 사람들 앞에서 걷고 있었다! 하나님의 말씀은 확증되었다. 그들은 예수가 살아 계신 하나님이심을 깨달았다. 그날 밤 많은 이들이 그리스도를 믿기로 결정한다고 말했으며, 속임과 어두움에서 구원받았다.

그 팀의 리더 중 한 명은 팀에서 정기적으로 DVD와 영사기만을 사용하기 때문에 이런 순간들이 흔하다고 말했다. 그의 말에 따르면 종종 대중이 함께 응답하고 흥분의 도가니에 들어간다고 한다. "영화를 상영한 후 사람들은 기도를 받고 싶어서 우리에게 몰려듭니다. 방금 자기들의 언어로 말했던 이 예수가 진정 하나님이심을 확증하는 기적이 나타날 때 사람들은 확신의 함성을 지릅니다. 모임 후에는 수백 명의 새 신자들이 찾아와 '제발 여기에 교회를 세워 주세요. 더 이상 이전의 종교를 따르고 싶지 않아요.'라고 간청합니다."

현재 영화 〈예수〉는 988개의 언어로 번역되어 있다.

예수님이 잃어버린 자들을 얻으시려고 사용하신 두 번째 전략은, 각 개인에게 다가갈 가장 현명한 방법에 관해 아버지 하나님이 민감하게 알려 주신 것이다. 그 방법은 아주 다양하다. 거지 소경 바디매오가 길가에서 자기를 불쌍히 여겨 달라고 소리를 질렀을 때, 예수님은 시력의 회복이라는 그의 육체적 필요를 먼저 채워 주셨다. 그리고 그 소경은 즉시 예수님을 따르며 하나님께 영광을 돌렸다. 인간의 필요를 채우는 그와 똑같은 방법이 세계 전역에서 얼마나 훌륭하게 사용되어 왔는지 모른다. '사마리아인의 지갑' 등 세계 전역의 YWAM에서 실행하는 수많은 자비사역, 전 세계의 수많은 고아원과 에이즈 사역 등이 이것을 증명하고 있다.

예수님이 젊은 부자 관원에게는 전혀 다른 방법을 취하신 것을 보면 참 흥미롭다(눅 18:18). 예수님은 부자 청년에게 자신을 따르려면 가진 모든 것을 팔아 그 수익을 가난한 자들에게 나눠 주어야 한다고 말씀하셨다. 그 부자 청년에게 가장 필요한 것은, 영원의 문제와 가치보다 자기의 부와 소유를 더 사랑하고 있음을 깨닫는 것이었기 때문이다.

거라사 지방에서 귀신 들린 사람에게 취하신 방법은 또 다르다(막 5:1). 예수님은 그 사람의 해방되고자 하는 강한 염원을 감지하셨고, 먼저 귀신 군대를 쫓아내셨다. 그러자 그 사람은 예수님과 함께 머물며 그분을 따르고 싶다는 간절한 소원을 표현했다. 그러나 예수님은 그에게 집으로 돌아가 예수님이 어떻게 그에게 큰일을 행하셨으며 그를 불쌍히 여기셨는지 사람들에게 말하라고 하셨다.

이 이야기는 우리가 그저 혼자 짐작하지 말고, 각자에게 맞는 특별한 방법을 알려 달라고 하나님께 구해야 함을 말해 준다. 일반적으로는 한 사람이 예수를 주님으로 모신 후에 귀신을 쫓는 것이 더 현명하기 때문이다. 예수님은 얼마나 멋있는 분이신지!

예수님이 유대인의 관원이며 구약의 유력한 교사인 니고데모를 대하신 방법을 살펴보자. 예수님이 다가가신 방법은 이보다 더 직접적일 수 없었다. 바로 그 사람의 가장 깊은 필요의 핵심을 찌르신 것이다. 예수님은 "진실로 진실로 네게 이르노니 사람이 거듭나지 아니하면 하나님의 나라를 볼 수 없느니라"(요 3:3)고 말씀하셨다.

예수님은 이 학식 있는 랍비와 신학적 토론을 하지 않으셨다. 오히려 그에게 가장 단순한 복음의 말씀을 전해 주셨다. "하나님이 세상을 이처럼 사랑하사 독생자를 주셨으니 이는 그를 믿는 자마다 멸망하지 않고 영생을 얻게 하려 하심이라"(요 3:16). 이 말씀을 받아들이든지 버리든지 하라는 뜻이었다.

우리가 예수님의 방법으로부터 배우는 것은 바로 이것이다. 오직 성령님만이 각 사람의 가장 필요한 부분을 아시며, 우리가 궁핍한 영혼들과 만나는 순간마다 성령님께 전적으로 의지할 때 그분은 가장 적절한 방법으로 우리를 인도하신다는 것이다. 이것은 물 위를 걷는 것처럼 정말 유쾌한 일이다. 그리고 이 모든 일에 오직 하나님만이 영광을 받으신다. 완전히 초자연적인 일이기 때문이다. 할렐루야!

나는 YWAM에서 들은 다음의 이야기를 아주 좋아한다. 네덜란드에서 진행된 제자훈련학교(DTS)에서 훈련을 받던 한 여학생이 어느 날 암스테르담의 거리를 걷다가 아주 가난한 젊은 남자 한 명이 인도에 앉아 있는 것을 보았다. 그녀는 성령의 감동에 따라 그 남자에게 다가가 "당신은 주 예수님이 필요해요"라고 말했다.

그녀는 그에게 햄버거를 사 주고 그를 상점에 데려가 새 옷도 사 주었다. 그리고 다음 날 복음전도집회에 같이 가자고 그를 초청했다. 그는 초청을 받아들였고, 거기서 처음으로 구원의 도에 대해 들었다. 그는 이 젊은 여성이 보여 준 예수의 삶에 감동되었고, 자신의 삶을 길이요 진리요 생명이신 그분께 드림으로써 삶이 변화될 수 있음을 깨달았다. 가난한 젊은이였던 존 굿펠로우(John Goodfellow)는 예수 그리스도를 진정으로 따르는 자가 되기로 선택했다.

존은 이후에 YWAM 훈련학교들을 거친 후 YWAM의 가장 유능한 복음전도자 중 한 명이 되었다. 그는 기적을 베푸시는 하나님의 능력이 영혼의 구원과 육체의 치유에서 드러나는 것을 증명하는 사역자다. 나는 거리에서 그 일이 일어나는 것을 듣고 보았다. 사실 내가 앞에서 언급한 남아프리카공화국의 'GO 축제' 때 더반의 거리에서 행한 열흘간의 전도에서 그는 주요 복음전도자였다.

영혼을 구원하시는 예수님의 세 번째 전도 전략은, 서로 다른 문화와 인종간의 상호작용에서 가장 훌륭한 본보기가 되신 것이다. 그 대표적인 예는 예수님이 우물가에서 사마리아 여인과 나누신 대화일 것이다. 제자들도, 그 여자 본인도 유대 남자인 예수가 사마리아 여자와 이야기하는 것을 보고 무척 놀랐다. 이런 일은 아무도 행하지 않는 일이었다.

우리가 기억해야 할 것은, 예수님이 그 여인에게 물을 달라고 부탁하심으로써 문화적, 인종적 장벽을 뚫고 나가셨다는 것이다. 예수님은 겸손 가운데 자신이 그녀의 도움을 필요로 한다고 선언하셨다! 사마리아인과는 전혀 상종하지 않는 유대인 중 한 분이셨던 예수님은 모든 전통과 문화의 규칙을 어기고 계셨다. 그러나 예수님은 사람의 편견에 영향을 받지 않으셨다. 그분은 그 여인에게 전도해야겠다는 강한 마음을 가지셨다. 예수님은 오래 걸으신 후 피곤하고 목마르고 배고프셨다. 그리고 그때는 점심시간이었다.

아버지 하나님은 아들 예수에게 그가 그 여인에게 물을 달라고 요청하는 것이 그녀에게 영적으로 생명의 물이 필요하다는 주제로 이끄는 완벽한 방법임을 가르쳐 주셨다. 부도덕한 사마리아 여인의 개종을 통해 마을 전체가 복음을 들었고 많은 이들이 회심했다. 분명 그 여인은 복음전도자가 될 가망성으로 따지자면 제일 거리가 멀었던 사람이었다.

네빌(Neville)과 웬디(Wendy), 맥도날드(McDonald)는 캘리포니아 주 로스앤젤레스에 있는 힐링 워드 인터내셔널

교회(Healing Word International Church)의 담임 목사들이다. 그들은 내 절친한 친구들이며, 우리는 하나님이 일하시는 방법의 경이로움을 나누면서 많은 시간을 함께 보냈다. 그들은 도시에서 교회를 개척하는 데 많은 경험이 있는 사람들이다. 나는 하나님이 그들을 새 지역으로 보내실 때마다 그들이 그 도시에서 가장 영향력 있는 사람과 가장 악명 높은 사람에게로 자신들을 인도해 달라고 기도한다는 사실에 적잖이 매료되었다. 그 친구들의 목적은 먼저 잃어버린 자들을 찾아 주님께 드리는 것이었다. 예수님도 동일한 전략을 생각하셨던 것 같다.

그러나 우리는 누가 가장 영향력 있는 사람인지 합리적으로 생각해서는 결코 안 된다. 대신 성령님의 일러 주심에 순종해야 한다. 예수님은 사마리아 여인을 믿게 하여 제자로 삼으신 후에 이렇게 말씀하셨다.

눈을 들어 밭을 보라 희어져 추수하게 되었도다(요 4:35).

인간적으로 볼 때는 가장 그럴 법하지 않은 사람들이 하나님 나라의 추수에 가장 크게 사용되기도 한다. 예수님이 군대 귀신을 쫓아내 주신 거라사 지방의 사람을 생각해 보라. 그가 데가볼리(열 도시를 뜻함)에 있는 자기 집으로 돌아가서 사람들에게 자신의 이야기를 증언하자 모든 이들이 기이히 여겼다. 그 사람의 놀랄 만한 증언은 열 도시에 깊은 영향을 미쳤다(마 4:25; 막 7:31).

하나님은 평범한 사람들을 통해 진리를 전하기 원하신다. 그분은 일상의 삶 속에, 그리고 바로 지금, 그분이 막달라 마리아에게 주셨던 "가서 그들에게 내가 살았고 네게 나타나 보였음을 전하라"는 부활의 소식을 기다리는 사람들을 준비해 놓으셨다. 그들은 듣기를 기다리고 있다. 그들은 답을 원한다. 그들은 간절하다. 그들의 마음은 쉽게 반응할 것이다. 그들은 호텔과 아파트에, 가정에, 거리에, 해변에, 사무실에, 상점과 슈퍼마켓에, 주유소에, 비행기에, 술집에, 식당에 있다.

하나님의 간절한 외침에 귀 기울여 보자.

> 너희는 낫을 쓰라 곡식이 익었도다 와서 밟을지어다 포도주 틀이 가득히 차고 포도주 독이 넘치니 그들의 악이 큼이로다 … 심판의 골짜기에 여호와의 날이 가까움이로다(욜 3:13-14).

우리 삶의 본이신 예수님이 사람들의 다양한 사회적 수준에 감동되거나 위축되지 않으셨음을 이해하는 것은 중요하다. 그분은 언제나 아버지 하나님을 의식하셨다.

예수님이 종교 지도자의 집에서 식사하고 계실 때 전에 창녀였던 한 여자가 불청객으로 들어왔다. 그녀는 예수님이 자신의 많은 죄를 용서해 주신 것에 감사하여 전심을 쏟아 붓듯 향유를 부었다(눅 7:36-50). 예수님은 전혀 난처해하지 않으셨다. 예수님은 사회적 수준이 다른 이들도 동일하게 편히 대하셨으며, 그들이 그와 같이 있다는 사실에 긴장하지 않으셨다. 오히려 집주인이 그 여자로 인해 불편해하고 그릇 판단하는 것을 꾸짖으셨다.

예수님은 항상 사람들이 죄를 깨닫는 그 지점으로 바로 가셨다. 성령님은 우리가 그분을 구하고 기대할 때마다 우리에게 회개가 필요함을 알려 주실 것이다. 그것은 개인 전도에서 아주 중요한 열쇠로 많은 시간을 절약할 수 있다.

영혼을 구원하시는 예수님의 삶에서 마지막으로 나누고 싶은 전략은, 예수님은 그분을 따르는 것이 결코 가벼운 결정이 아니라는 점을 분명히 하셨다는 것이다. 주님은 대가를 계산하고 자신의 삶을 전적으로 그분께 드리지 않으면 절대로 예수님의 제자가 될 수 없음을 아셨다. 그래서 그 대가를 아주 분명하게 말씀하셨다.

> 누구든지 자기 십자가를 지고 나를 따르지 않는 자도 능히 내 제자가 되지 못하리라(눅 14:27).

> 너희 중의 누구든지 자기의 모든 소유를 버리지 아니하면 능히 내 제자가 되지 못하리라(눅 14:33).

이것은 우리가 우리 마음대로 우리 일을 할 권리를 포

기해야 함을 의미한다. 이것은 우리가 가진 모든 것이 그분의 것이며, 우리가 무엇을 해야 할지 결정할 권리가 그분께 있다는 뜻이다. 우리는 결정을 내릴 권리를 포기한다. 이것은 우리의 요청에 의해 주님이 완전한 주도권을 취득하시는 것을 말한다.

그렇게 하는 것이 두렵다면, 당신이 자신을 포기하는 대신 당신의 삶을 누구에게 맡기는지 한번 생각해 보라고 말하고 싶다. 당신이 맡기는 상대는 모든 지식이요 무한의 지혜이며 절대적 정의이고, 흔들리지 않는 신실함과 위엄 있는 거룩함과 무제한의 능력이고, 헤아릴 수 없는 사랑이시다. 그분은 궁극적인 안전을 보장해 주신다. 나는 그분께 달려가 "저를 주장해 주세요, 네?"라고 말하며 스스로를 유익하게 한다. 사실 그렇게 하지 않는 것이 두려운 일이다!

현실적으로 예수님은 그분을 따르는 길 내내 우리를 시험하신다. 그것은 모두에게 진정한 제자가 되는 과정이다. 우리가 그분과의 관계에서 친밀해질수록 시험도 더 커진다. 이 사실은 하나님의 말씀을 연구해 보면 아주 명백히 드러난다. 욥, 아브라함, 모세, 요셉, 다윗, 마리아(예수님의 어머니), 한나, 에스더, 다니엘, 바울, 그리고 사도 요한이 견뎌 냈던 엄청난 시험들을 보라. 그러나 하나님은 절대적으로 의롭고 공정하시므로, 그들의 보상을 주제로 책을 써도 될 것이다.

예수님의 친구들 중에는 과거에 죄인이었던 친구가 많았다.

- 남편이 다섯 명이나 있었으며 간음하는 생활을 하고 있던 우물가의 사마리아 여인
- 간음 중에 붙잡혀 예수님 앞에 끌려온 여자
- 시몬의 집에 들어온 창녀였던 여자
- 부정직한 세리였던 삭개오

당신은 믿지 않는 사람들과 친구관계를 맺고 그들을 위해 정기적으로 기도하고 있는가? 그들 앞에서 그리스도를 닮은 생활을 하고 있는가? 그리스도의 실재를 당신의 삶을 통해 그들에게 증언하고 있는가? 통계를 보면 대부분의 사람들은 일대일 친구관계를 통해 회심을 하고 제자가 된다고 한다.

예수님의 가르침을 삶에 적용하기

우리는 어느 부분에서 영혼 구원의 선두이신 예수님과 닮지 않았는지 고백하고, 그 원인을 깨닫고, 회개해야 한다. 아마도 그 원인은 다음 질문에 대답하면서 드러날 것이다.

- 당신은 하나님 나라의 확장을 향한 영적 야망이 있으며, 잃어버린 자들을 향한 진정한 부담이 있는가?
- 영원의 문제가 당신 삶의 가장 중요한 관심거리인가?
- 당신은 자신의 야망과 필요, 문제들에 너무 열중하느라 잃어버린 자들에게 무심하지는 않은가?
- 당신은 다른 사역들에 여념이 없어 전도와 개인적인 영혼 구원을 도외시하고 있지는 않은가?
- 우리가 태어나고 성장하고 자녀를 낳는 것과 마찬가지로 전도와 영혼 구원도 성령님의 능력으로 자연스럽게 나타나는 현상이다. 당신은 그 책임과 의무를 다하고 있는가?
- 당신은 얼마나 자주 믿지 않는 자들에게 효과적인 전도를 하는가?
- 당신은 믿지 않는 자들을 얻어 그리스도께 데려오기 위해 그들과 친구가 되고 있는가?
- 당신이 직접 주님께로 인도한 영혼은 몇 명이나 되는가? 많은가? 적은가? 아니면 한 명도 없는가?
- 당신이 마지막으로 한 영혼을 그리스도께 인도한 때는 언제인가?
- 당신이 정기적으로 기도해 주는 잃어버린 영혼들의 목록이 있는가? 있다면 그 수가 정기적으로 늘고 있는가?
- 예수님은 복음이 먼저 만국에 전파되어야만 마지막

때가 오리라고 말씀하셨다(막 13:10). 예수님의 재림과 관련된 마가복음 13장을 볼 때, 현재 당신의 삶의 방식은 예수님이 오시는 때를 앞당기는가, 아니면 지체시키는가?
- 당신은 이 질문들에 대한 답에 진정으로 관심 있는가?

회개의 기도

전능하신 하나님, 제가 잃어버린 자들을 향한 진정한 부담이 부족함을, 기도가 없고 그들과의 관계가 부족함을 시인합니다. 아들 예수님은 이 땅에 계실 때 지극히 겸손하게 하나님의 원칙을 따라 사셨는데, 저는 예수님의 모습대로 살지 못했습니다. 제 큰 오만을 당신 앞에 겸손히 인정합니다. 당신의 일보다 제 일을 하는 데 더 몰두했습니다. 이것이 제 삶의 우상숭배임을 시인합니다. 당신의 말씀 안에 있는 진리들에 불순종한 죄를 회개합니다. 이제 예수님을 증거하고 영혼을 얻는 자가 되는 데 열중하기로 선택합니다.

일상의 기도

잃어버린 죄인들이 오늘도 어둠 속에서 죽어 갑니다.
그런데 그들에게 길을 보여 주려는 사람은

아무도 없는 것 같습니다.
오, 기도하오니 저를 열정과 꿈으로 채워 주소서.
저를 영혼을 얻는 자로 만들어 주소서.
저를 영혼을 얻는 자로 만들어 주소서.
저를 영혼을 얻는 자로 만들어 주소서.
기도하오니 오늘 누군가에게로 저를 인도해 주소서.
영혼을 얻는 자가 되기 원합니다.[2]

Jesus
The Model

강직함에서 닮고 싶은 예수

믿는 자들이나 믿지 않는 자들이나 모두에 대한 사탄의 주요 과업 중 하나는, 하나님의 성품과 특성에 대해 왜곡된 생각을 심어 주는 것이다.

나는 교회를 장식하고 있는 조각이나 그림에서 예수님이 생기 없고 축 처진 모습으로 십자가에 달려 있는 것을 볼 때 마음이 몹시 아프다. 사실 우리 죄를 지신 귀하신 예수님은 우리가 받을 형벌을 다 치르시고 십자가에서 "다 이루었다"는 승리의 말씀을 외치셨다.

예수님은 죽음과 육체의 부활 후에, 그분의 현재와 미래의 제자들에게 성령의 능력으로 가서 열방에 복음을 전하고 모든 족속으로 제자를 삼으라고 위임하시고, 하늘에 올라 아버지의 오른편에 앉아 계신다. 우리는 예수님을 모든 것을 정복하시는 왕으로, 온 우주를 통치하시고 지배하시는 주권자로 생각해야 한다.

예수님의 거룩한 분노

예수님의 경이로움을 조금이라도 이해하기 위해 그분의 성품 중 반대되는 두 가지 측면을 살펴보도록 하자. 이번 장에서는 먼저 예수님의 사자와 같으신 모습을 살펴보겠다. 요한계시록 5장 5절은 예수님을 "유대 지파의 사자"로서 "그 두루마리와 그 일곱 인을 떼"실 유일한 분으로 묘사한다. 이것은 최고의 권위를 서술하는 표현이다.

말라기 선지자는 예수님이 오셔서 불의한 제물의 죄를 드러내실 것이며, 그 결과 심판이 뒤따를 것임을 확실하게 예언했다(말 3장). 예수님의 공생애 사역 초기 부분을 읽으면 그 예언은 눈부시게 성취된다.

예수님은 성전에 들어가 담대하고 두려움 없는 사자와 같이 행하시며, 노끈으로 만든 채찍으로 돈 바꾸는 사람들을 쫓아내고 상을 엎으셨다.

비둘기 파는 사람들에게 이르시되 이것을 여기서 가져가라 내 아버지의 집으로 장사하는 집을 만들지 말라(요 2:16).

예수님은 성전은 만민이 기도하는 집이 되어야 하는데 그들이 강도의 굴혈로 만들었다고 말씀하셨다(막 11:17).

이 사건을 읽고 있으면 사자의 고함소리, 곧 다른 짐승들이 자기 영토에 있으면 방해하지 말라고 알리는 으르렁거리는 소리가 들리는 것 같다. 예수님은 "짐승 중에 가장 강하여 아무 짐승 앞에서도 물러가지 아니하는 사자"(잠 30:30)와 같으셨다. 예수님은 사람들이 하나님의 영광이 명백히 드러나야 할 장소를 더럽히는 것에 대해 아버지의 의로운 분노를 표현하셨다.

성경에는 하나님이 사자처럼 표효하신다는 구절이 여러 군데서 등장한다.

> 사자가 부르짖은즉 누가 두려워하지 아니하겠느냐 주 여호와께서 말씀하신즉 누가 예언하지 아니하겠느냐(암 3:8).

> 그들은 사자처럼 소리를 내시는 여호와를 따를 것이라 여호와께서 소리를 내시면 자손들이 서쪽에서부터 떨며 오되(호 11:10).

예수님이 성전에서 행하신 공적 사역에서 보듯이, 드물기는 하지만 성령님이 당신이 기름 부으신 지도자를 통해 옳지 못한 상황에 대한 분노를 드러내시는 경우가 있다. 그 지도자는 사랑의 마음으로 하나님 나라가 확장되기를 애타게 바라며, 주를 두려워하는 가운데 행한다. 이 조건들이 모두 충족될 때 그 결과는 언제나 긍정적이다.

바른 길로 행하는 자는 걸음이 평안하려니와 굽은 길로 행하는 자는 드러나리라 … 의인의 입은 생명의 샘이라도 악인의 입은 독을 머금었느니라(잠 10:9, 11).

이 진리가 증명되는 것을 볼 수 있었던 놀라운 사건이 있었다. 우리가 뉴질랜드 오클랜드에 살 때였다. 우리는 힐스보로 침례교회(Hillsborough Baptist Church)에 출석하고 있었는데, 헤이즈 로이드(Hayes Lloyd) 목사님이 담임을 맡고 있었다. 그는 뉴질랜드 침례교연합 전 대표였다. 당시 그는 그 교회에 부임한 지 겨우 세 달밖에 안 되었다.

나는 목사님이 그저 좋은 말씀을 전하는 것이 아니라 교인들에게 전해야 할 주님의 말씀을 분명히 깨닫게 해 달라고 뜨겁게 기도하곤 했다. 그러던 중에 나는 하나님이 헤이즈 로이드 목사님에게 담대한 선포를 하라고 시키시리라는 분명한 느낌을 받았다. 그것이 무엇인지는 알 수 없었다. 나는 이것을 남편에게만 이야기했으며, 하나님을 경외하는 마음이 목사님께 임하여 그가 사람을 두려워하는 마음에서 자유롭게 되기를 계속 기도했다.

그 다음 주일예배 때 헤이즈 로이드 목사님은 바울이 자기와 함께 수고하며 사역에 동참한 많은 동역자들을 열거하는 내용의 로마서 16장으로 말씀을 전했다. 설교가 끝나기 10분 전쯤 나는 남편에게 "이건 일주일 내내 내 심령에 부담을 준 일이 아닌데요"라고 속삭였다. 그래서 나는 한나가 성전에서 한 것처럼 간절한 침묵의 기도를 드렸다. 나는 그것이 무엇이든 하나님의 전략적 목적을 놓치는 것을 견딜 수가 없었다.

그리고 그 일이 일어났다! 돌연 목사님이 이렇게 말했다. "설교는 끝났습니다. 그렇지만 예배가 끝난 것은 아닙니다." 나는 즉시 팔꿈치로 남편을 슬쩍 찌르면서 엄청난 안도감과 형언할 수 없는 흥분과 기대감으로 "여보, 바로 이거에요"라고 말했다.

그리고 10분 동안 그 귀한 하나님의 종은 갈멜 산의 엘리야와 같은 담대함과 권위를 가지고 사자와 같이 포효하며, 전 교인에게 우리 사이에 분열을 일으키고 있던 '딱지', 곧 침례파니 카리스마파니 오순절파니 복음주의니 하는 '딱지들을 찢어 버리라'고 선포했다. 그는 강하고 뜨겁게 "그리스도 예수 안에서 모두 하나가 되라"고 부르짖었다. 그는 하나님과 사람 앞에서 진정한 회개와 깨어짐을 표현하기 위해 겸손하게 바닥에 무릎을 꿇고 앉아 하나님과 심각하게 이야기하라고 했다. 예배당 안은 깃털 떨어지는 소리조차 들릴 정도였다! 영향력은 손으로 만질 수 있을 만큼 분명했다!

무릎을 꿇거나 혹은 바닥에 엎드려 자기 죄를 회개하는 사람들의 울음소리만이 그 침묵을 깼다. 자기 주인을 닮기 위해 대가를 치르고, 그래서 "악인은 쫓아오는 자가 없어도 도망하나 의인은 사자같이 담대하니라"(잠 28:1)는 말씀을 확증한 하나님의 사람에게 하나님이 임하셨다. 헤이즈 로이드 목사님은 먼저 자신이 성령 안에서 새롭게 되어 하나님의 음성에 순종했고, 그 다음에 회중에게도 똑같이 하라고 요청했다.

그날 아침은 교회 역사에서 아주 중요한 시간이었다. 나중에 우리는 그 교회의 파송을 받아 선교사로 나갔다. 그리고 헤이즈 로이드 목사 부부는 우리의 절친한 친구가 되었다.

다시 예수님께로 돌아가자. 나는 성경을 연구하면서 예수님이 사람들을 강하게 꾸짖으신 예를 열네 군데나 찾아냈다. 그 대상은 바리새인 또는 제자들이었다. 사람에게 맞서 대항하는 것은 쉬운 일이 아니다. 나는 그 일을 극히 싫어한다. 그러나 만일 우리가 다른 이들의 영적 발전을 돕기 위해 그 대가를 치르지 않는다면, 언젠가 하나님이 우리에게 책임을 물으시리라는 것 또한 안다. 우리 주변의 사람들이 성경의 기준대로 살고 있지 않다면, 우리는 그들이 그것을 직시하고 변화하도록 많은 격려와 부드러운 사랑을 부어 주어야 할 것이다.

제자 야고보와 요한이 이를 보고 이르되 주여 우리가 불을 명하여 하늘로부터 내려 저들을 멸하라 하기를 원하시나이까 예수께서 돌아보시며 꾸짖으시고 [이르시되 너희는 무슨 정신으로 말하는지 모르는구나 인자는 사람의 생명을 멸망시키러 온 것이 아니요 구원하러 왔노라 하시고(어떤 고대 사본에는 이 말이 있음)] 함께 다른 마을로 가시니라(눅 9:54-56).

겸손과 긍휼의 마음을 가진 이들은 비록 하나님이 예수님을 거절하는 자들을 심판하겠다고 선언하셨을지라도 그들에게 자비를 베푸시기를 구할 것이다. 이것이 바로 구약에서 가장 위대한 중보자였던 모세의 태도였다. 나 역시 "긍휼을 행하지 아니하는 자에게는 긍휼 없는 심판이 있으리라 긍휼은 심판을 이기고 자랑하느니라"(약 2:13)는 말씀을 아주 좋아한다.

예수님은 "긍휼히 여기는 자는 복이 있나니 그들이 긍휼히 여김을 받을 것임이요"(마 5:7)라고 가르치셨다. 나는 다른 사람을 판단하기 좋아하고 긍휼히 여기지 않는 사람들이 나중에 불가피하게 어려운 상황에 처하면 왜 자기들의 기도가 응답되지 않는지 의아해 하는 경우를 많이 봐 왔다. 긍휼 없는 마음의 바탕은 언제나 자만이다. 하나님의 자비가 아니라면 우리는 모두 진멸될 것이다(애 3:22).

누가복음 11장 52절에서 예수님은 당시 율법 교사들에게 아주 강한 말씀을 하셨다. 우리는 예수님이 사자와 같은 담대함으로 그들을 꾸짖으시는 말씀을 듣는다.

> 너희가 지식의 열쇠를 가져가서 너희도 들어가지 않고 또 들어가고자 하는 자도 막았느니라.

어느 누구도 이 책의 내용들을 핑계로 자신의 개인적인 분노나 좌절을 청중에게 발산해서는 안 될 것이다. 그것은 하나님이 싫어하시는 것이며, 목자를 양에게서 떼어 놓는 것이다. 예수님의 거룩한 분노는 하나님의 사람이 사람을 두려워하지 않고 아버지를 두려워하는 가운데 있었고, 그분의 삶과 사역에는 사랑이 배어 있었다.

우리는 왜 예수님이 율법 선생(서기관)들과 바리새인들에게 자신을 유다의 사자로서 그렇게 강하게 나타내셨는지 깊이 이해하고 통찰할 필요가 있다. 좀 점잖게 표현하면, 예수님은 그들을 너그럽게 보아 주실 수 없었다. 예수님은 유독 그들에게 격하게 말씀하셨다.

예수님이 귀신 들려 눈멀고 벙어리 된 자를 고쳐 주시자 바리새인들은 예수님도 귀신이 들렸다고 비난했다. 이에 대한 예수님의 대답은 "독사의 자식들아 너희는 악하니 어떻게 선한 말을 할 수 있느냐"(마 12:34)였다.

누가복음 11장 37-54절에는, 예수님이 위생에 관한 외관상의 규칙은 지키지만 마음의 청결함에 대해서는 아무 관심도 없는 바리새인들을 꾸짖으시는 장면이 나온다. 39-40절을 보면, 예수님은 그들을 겉은 깨끗이 하나 "속에는 탐욕과 악독이 가득"한 어리석은 자들이라고 묘사하신다. 예수님은 바리새인, 서기관, 율법사들의 자만과 위선과 공의의 부족과 사랑의 부족을 꾸짖으셨다. 그리고 이렇게 선포하심으로써 말씀을 마치셨다.

너희가 지식의 열쇠를 가져가서 너희도 들어가지 않고 또 들어가고자 하는 자도 막았느니라(눅 11:52).

마가복음 12장 38-40절, 누가복음 20장 45-47절에서도 예수님이 서기관들을 꾸짖으시는 이야기가 나온다. 또한 예수님은 서기관들과 바리새인들을 회칠한 무덤, 뱀, 독사의 새끼들이라 부르시고 나서 그들에게 미래의 중한 심판을 선포하신다(마 23:27-36). 엄청나지 않은가! 예수님이 더 이상 얼마나 큰 분노를 드러내실 수 있겠는가?

예수님은 바리새인들과 사두개인들이 영적으로 둔하여 시대의 표적을 분별하지 못하는 것, 곧 영적 진리를 해석하지 못하는 것을 꾸짖으셨다(마 16:3). 예수님이 그렇게 꾸짖으신 사람들은 그냥 평범한 사람들이 아니었다. 서기관과 바리새인들은 이스라엘의 성스러운 율법을 해석하는 데 권위가 있는 최고 엘리트 계층이었다. 아무도 그들의 지위에 의문을 제기하지 않았으며, 그들은 엄청난 영향력을 지니고 있었다. 그들은 율법을 매우 존중했고, '장로들의 유전'(막 7:3)이라 불리는 자신들의 전통도 가지고 있었다. 그 전통의 작은 조항 하나에라도 감히 의문을 제기하는 사람에게는 화가 미쳤다. 그런 사람들을 꾸짖는 것은 적나라한 용기와 담대함 없이는 불가능했다.

진리이신 그분은 가면 뒤에 감춰진 가짜와 모순과 순전한 위선을 보고 혹평하시며, 핵심을 짚어 내셨다.

그들이 말하는 바는 행하고 지키되 그들이 하는 행위는 본받지 말라 그들은 말만 하고 행하지 아니하며(마 23:3)

예수님은 그들이 천국에서 가장 작은 자에도 못 미칠 뿐 아니라 아예 그 안에 속하지도 못한다고 선포하셨다. 예수님은 "내가 너희에게 이르노니 너희 의가 서기관과 바리새인보다 더 낫지 못하면 결코 천국에 들어가지 못하리라"(마 5:20)고 말씀하셨다. 예수님이 그들을 이렇게 대하신 결과로, 그들은 사람들을 선동하여 "그를 십자가에 못 박게 하소서 … 십자가에 못 박게 하소서"(막 15:13-14)라고 외쳤다.

이 모든 것은 우리에게 어떻게 적용되는가? 우리는 우리 마음에 자리 잡기 쉬운 '바리새인'을 보지 못하는 경우가 너무 많다. 바로 그 이유 때문에 나는 바리새인의 영을 특징짓는 다음 목록을 자주 점검해야 한다고 생각한다.

잠시 하던 일을 멈추고, 다음 목록을 살펴보면서, 우리가 어느 부분에서 회개할 필요가 있는지 보여 달라고 성령님께 간구하자. 그분은 정직하고 성실한 모든 기도에 응답하실 것이다.

- 진리를 가르치지만 그 진리와는 다르게 살아감(마 23:3)
- 실제로는 그렇지 않은데 그런 모습이라고 남들이 믿

게 함(마 23:14)
- 마음속에서 자신을 남보다 높임(눅 18:13-14)
- 옳은 행실이라는 외면의 형태는 갖추었으나 의롭지 않은 생각을 함(마 5:21, 28)
- 하나님의 우선순위보다는 돈에 대한 사랑으로 동기가 생김(눅 16:14)
- 긍휼과 자비의 상황은 간과하면서 사람의 전통을 지키려는 율법주의적인 모습을 보임(요 9장)
- 자선행위를 하거나 금식하거나 금전적으로 남을 도와줄 때 다른 사람들이 분명히 알게 함(마 6:1-4, 16-18)
- 남들의 잘못은 지적하되 자신의 잘못은 보지 못함(마 7:1-5)
- 자신보다 높은 자리에 있는 사람들을 시기함(약 3:14-16)
- 하나님 말씀에 따라 살기보다 사람의 전통을 더 우선시함(마 15:16-20)
- 마음의 동기로 판단하시는 하나님께 판단을 맡기는 대신 사람을 겉모습으로 판단함(마 23:5)
- 자신의 행위에 대해 하나님보다 다른 사람들이 어떻게 생각하는지 더 염려함(바리새인들은 하나님의 칭찬보다 사람들의 칭찬을 더 추구했다[요 5:44]. 그들은 하나님을 두려워하지 않고 사람을 두려워했다)

- 아주 중요한 것은 무시하는 반면, 조금 중요한 것은 크게 문제시함(예수님은 이것을 "하루살이는 걸러 내고 낙타는 삼키는"[마 23:24] 것이라고 표현하셨다. 이것은 가난한 자를 돌보고, 낯선 자들과 사회에서 권리를 빼앗긴 자들에게 친절을 보여 주는 일 등을 소홀히 한다는 것을 뜻한다.)
- 부모가 마땅히 받아야 할 양식이나 금전적 선물을 다른 종교적 이유를 들어 기독교 사업에 주고, 부모를 공경하고 돌보는 일을 게을리한 것을 변명함(마 15:5-6)
- 남들에 대해 부당하게 비판함(성경은 우리가 남을 비판할 때마다 우리도 자동적으로 하나님께 비판을 받을 것이라고 한다[마 7:1]. 그것은 중책이다. 우리가 다른 사람들의 행위에 대해 결론을 내릴 때 입을 굳게 다무는 것이 우리에게 가장 유익하다.)

오직 하나님만이 각자의 상황을 백 퍼센트 아신다. 오직 하나님만이 모든 인간의 마음을 아신다. 사람들의 죄가 입증되었다 하더라도, 우리가 판결을 선언하기 몇 분 전에 그들이 완전히 회개했을지도 모르는 일 아닌가?

아무도 비방하지 말며 다투지 말며 관용하며 범사에 온유함(영어 성경에는 '겸손' 역주)을 모든 사람에게 나타낼 것을 기억하게 하라(딛 3:2).

겸손이 차이를 낳는다는 것을 보여 주는 예화가 있다.

한 친구가 자신을 향한 하나님의 자비에 대해 깨달았던 때의 이야기를 해 준 적이 있다. 나는 그 이야기에 깊은 감동을 받았다.

영적 지도자였던 그 친구는 여러 해 전에 큰 죄에 빠져 하나님을 멀리 떠났다. 그는 사역을 떠났고 노골적으로 하나님께 반항했다. 하나님의 큰 자비와, 또 그를 사랑하는 독실한 중보자들의 끈질긴 기도의 결과로 마침내 그는 자신의 죄를 깊이 회개하고 전심으로 주님께 돌아왔다. 그는 꼬박 세 달간 회개와 영의 깨어짐과 감사로 인해 날마다 하나님 앞에서 울었다. 그 기간 동안 하나님은 죄와는 관련되지 않은, 그러나 하나님의 사랑과 위로로 치유 받아야 할 그의 상처들을 보여 주셨다.

그는 하나님이 영혼의 구원 외에 더 주시는 것은, 그것이 찬물 한 컵이든, 침대든, 친구든, 옷이든, 무엇이든 다 하나님의 자비로부터 오는 덤이라고 생각한다고 말했다. 하나님의 자비를 이 정도까지 깨달으면 불평은 흔적 없이 사라지고 겸손에서 나오는 끊임없는 감사만 넘칠 뿐이다.

느부갓네살 왕은 자신의 교만을 깊이 회개함으로써 하나님의 자비에 대한 큰 깨달음을 얻었다. 후에 그는 사람들에게 쫓겨나서 짐승처럼 유리하며 가혹한 벌을 받았다.

나는 우리가 하나님의 자비에 대한 깨달음을 얻기 위해 그들처럼 죄를 지어야 한다고는 생각하지 않는다. 자비는 우리가 마땅히 받아야 할 것을 받지 않는 것이다. 은혜는 우리가 받을 자격이 없는데 받는 것이다. 너무나 많은 경우에 우리는 "여호와의 인자와 긍휼이 무궁하시므로 우리가 진멸되지 아니함"(애 3:22)을 인정하는 대신, 우리를 향한 하나님의 공평하심의 증거를 찾는다.

순종은 드러난 진리에 비추어 사는 것이다. 그 외의 것은 모두 불순종이다.

> 그러므로 사람이 선을 행할 줄 알고도 행하지 아니하면 죄니라 (약 4:17).

만일 하나님이 우리의 적극적인 죄는 말할 것도 없고 소극적인 죄의 목록까지 다 우리에게 보여 주신다면, 우리는 하나님의 자비를 더 잘 이해할 수 있을 것이다. 그리고 우리를 향한 그분의 은혜에 경탄을 금치 못할 것이다.

시편 78편을 주의 깊게 읽으면 이 진리를 더 깊이 깨달을 수 있다. 우리는 진정한 겸손 가운데서 우리가 이스라엘 백성과도 같음을 깨달을 것이다. 추정의 죄 하나도 하나님께 대한 반항임을 기억하라. 우리는 하나님의 인도하심과 그분의 얼굴을 구하지 않고 '우리 자신의 일'을 행한 때가 많았다.

> 내가 지금 기뻐함은 너희로 근심하게 한 까닭이 아니요 도리어

너희가 근심함으로 회개함에 이른 까닭이라 너희가 하나님의 뜻대로 근심하게 된 것은 우리에게서 아무 해도 받지 않게 하려 함이라(고후 7:9).

우리는 죄에 대해 '하나님의 뜻대로 근심'하지 않기 때문에 회개하는 수준이 너무나 낮다. 우리는 하나님이 우리에게 자비를 베푸신다고 생각하는 대신 우리를 더 공평하게 대하셔야 한다고 생각한다.

지금까지 우리는 부당한 비판에 대해 다루었다. 성경은 또한 공의의 판단을 내릴 때가 있다고 가르친다.

외모로 판단하지 말고 공의롭게 판단하라(요 7:24).

성령을 소멸하지 말며 예언을 멸시하지 말고 범사에 헤아려 좋은 것을 취하고(살전 5:19-21).

예언하는 자는 둘이나 셋이나 말하고 다른 이들은 분별할 것이요(고전 14:29).

공의로 판단해야 할 때는, 우리가 영적 지도자의 위치에 있고, 사람들의 잘못이 드러난 상황에서 우리가 그들을 대할 때다. 그때 우리는 성경의 지침을 따라 그 상황을 다루어야 한다.[1]

Jesus
The Model

8장
온유함에서 닮고 싶은 예수

세례 요한이 주 예수를 "세상 죄를 지고 가는 하나님의 어린양"(요 1:29)이라고 묘사한 것을 보면, 어린양이라는 칭호가 매우 중요한 것임에 틀림없다. 베드로전서 1장 18-21절도 이렇게 기록하고 있다.

너희가 알거니와 너희 조상이 물려준 헛된 행실에서 대속함을 받은 것은 은이나 금같이 없어질 것으로 된 것이 아니요 오직 흠 없고 점 없는 어린양 같은 그리스도의 보배로운 피로 된 것이니라 그는 창세전부터 미리 알린 바 되신 이나 이 말세에 너희를 위하여 나타내신 바 되었으니 너희는 그를 죽은 자 가운데서 살리시고 영광을 주신 하나님을 그리스도로 말미암아 믿는 자니 너희 믿음과 소망이 하나님께 있게 하셨느니라.

이 말씀은 창세전에, 삼위일체이신 하나님이 만일 인간이 죄를 지어 하나님의 심판을 받게 되면, 예수님이 대신하여 자신의 피를 흘리심으로써 그 죄를 보상하리라는 계획에 동의하셨다는 뜻이다.

요한계시록에는 예수 그리스도를 어린양이라고 언급한 곳이 스물여덟 군데나 나오는데, 이것은 그분을 지극히 높이는 표현이다. 요한계시록에 묘사된 역사적 장면에서 발산되는 떠들썩한 소리와 만화경처럼 변화하는 눈부신 색조를 상상해 보라.

> 내가 또 보고 들으매 보좌와 생물들과 장로들을 둘러선 많은 천사의 음성이 있으니 그 수가 만만이요 천천이라 큰 음성으로 이르되 죽임을 당하신 어린양은 능력과 부와 지혜와 힘과 존귀와 영광과 찬송을 받으시기에 합당하도다 하더라 내가 또 들으니 하늘 위에와 땅 위에와 땅 아래와 바다 위에와 또 그 가운데 모든 피조물이 이르되 보좌에 앉으신 이와 어린양에게 찬송과 존귀와 영광과 권능을 세세토록 돌릴지어다 하니 네 생물이 이르되 아멘 하고 장로들은 엎드려 경배하더라(계 5:11-14).

이 모습이 너무나 장엄하여 세실 드밀(Cecil B. De Mille, 미국의 전설적인 영화감독으로 〈십계〉 같은 고전작품들을 많이 제작, 감독했다)조차도 그려 내기 힘들지 않았을까 싶다. 하나님의 어린양만이 이런 장엄한 화려함과 탁월한 영광을 받으시기에 합당한 분이다.

하나님이 인류를 통치하시는 관계에서는 내려가는 길이 바로 올라가는 길이다. 그리고 인자로서의 예수님처럼 그렇게 높이 있다가 그렇게 낮게 내려가기로 선택한 사람은 아무도 없다. 예수님은 가장 높은 권위자이신 아버지 하나님으로부터 가장 높은 영예를 받으시기에 마땅하다.

어린양은 어리고 유약하며 의존적이다. 어린양에게는 공격적이거나 영리한 특징이 없고 단지 순종적일 뿐이다. 이것은 예수님이 언제나 아버지의 지시에 완전히 순종하여 행하셨음을 묘사하며, 겸손의 궁극적인 모습을 그려 준다.

예수님의 겸손은 약함을 통해 더 깊이 표현된다. 신이 기저귀를 차는 것이 내포하는 의미를 생각해 보라! 말씀으로 온 세계를 창조하신 이가 무력한 아기가 되어 자신이 창조하신 피조물에 의존하여 양육을 받는다니! 위엄 있는 왕이 자신이 창조한 인간의 약함과 변화에 자신을 노출함으로써 온순함의 화신이 된 것이다.

우리는 스스로 개미가 되는 상상을 하면서 주님의 겸손을 조금이나마 이해하려 하지만, 그 역시 아주 미미하게 이해할 뿐이다. 주님의 성육신은 어찌 보면 터무니없는 일이다! 모든 이론적 설명을 완전히 넘어서는 일이다. 겸손하다는 것이 진정 무엇인지 우리가 너무나 모르기 때문이다. 겸손에서 하나님은 최고의 전문가이시다.

온순함은 마구를 채워 조절된 힘이다. 우리는 어린양과 같은 성품이 열두 살 난 소년 예수에게서 드러나는 것을 본다. 소년 예수에 대한 첫 묘사는 누가복음 2장 40절에 잠깐 나온다.

아기가 자라며 강하여지고 지혜가 충만하며 하나님의 은혜가 그의 위에 있더라.

그 다음 묘사는 46-47절에서 계속된다.

사흘 후에 성전에서 만난즉 그가 선생들 중에 앉으사 그들에게 듣기도 하시며 묻기도 하시니 듣는 자가 다 그 지혜와 대답을 놀랍게 여기더라.

이 말씀의 주인공이 지혜와 지식이 무궁하신 주님임을 기억하면서 계속 51-52절을 읽어 보자.

예수께서 함께 내려가사 나사렛에 이르러 순종하여 받드시더라 … 예수는 지혜와 키가 자라 가며 하나님과 사람에게 더욱 사랑스러워 가시더라.

주님의 겸손은 세례 요한에게 세례를 받으시는 모습에서도 잘 드러난다. 세례를 받으신 후에 예수님은 광야에서 마귀에게 시험을 받으심으로써 자신을 고통에 종속시키셨다. 가장 놀라운 성경 말씀 중 하나는 "그가 아들이시면서도 받으신 고난으로 순종함을 배워서"(히 5:8)라는 말씀이다. 우리는 예수님의 장엄한 광채와 영광의 경이로움을 이해할 때까지 결코 그분의 겸손과 온순함의 정도를 헤아리지 못할 것이다.

만일 내가 개미가 되어 개미들에게 다가가 그들에게 영생을 주기로 선택한다면, 나는 몸을 구부려 그 기나긴 겸손의 행위를 시작하기 전에 적어도 내가 누구인지 알려 인정받기를 기대할 것이다. 하지만 예수님은 그러지 않으셨다! 아마 나는 그들의 지식과 지혜의 부족과 약함에 나 자신을 맡기면서도 이따금씩 내가 누구인지 그들에게 상기시킬 것이다. 하지만 예수님은 그러지 않으셨다!

뉴질랜드의 교회에서 종종 불렀던 찬양이 생각난다.

> 오, 참 좋으신 나의 구주
> 하나님의 모든 자비 그 안에 있고
> 그의 사랑 결코 쇠하지 않으니
> 그는 나를 사랑하시네[1]

이제 예수님이 부당한 비난을 다루신 방법을 살펴보자. 그분의 방법은 판에 박힌 방법이 아니었다. 우리의 방법도 그래서는 안 된다. 수년 전에 나는 부당하게 비난을 받으면, 이사야 말씀에 근거해 하나님이 그분의 때에 내 정당함을 입증해 주시리라 믿고서 절대로 내 무죄함을 설명하지 않았다.

> 너를 치려고 제조된 모든 연장이 쓸모가 없을 것이라 일어나 너를 대적하여 송사하는 모든 혀는 네게 정죄를 당하리니 이는 여호와의 종들의 기업이요 이는 그들이 내게서 얻은 공의니라 여호와의 말씀이니라(사 54:17).

비록 내 동기는 옳았으나 나는 이 문제에 관한 예수님의 방법에 무지했고, 따라서 균형을 이루지 못했다.

예수님은 자신을 비난하는 자들에게 간단하고 직접적인 설명으로 대답하셨다. 예수님은 나쁜 친구를 사귄다는 비난을 받으셨다. "어찌하여 너희 선생은 세리와 죄인들과 함께 잡수시느냐?"(마 9:11) 예수님은 이 땅에서의 사명을 설명하심으로써 이 질문에 대답하셨다. "나는 의인을 부르러 온 것이 아니요 죄인을 부르러 왔노라"(마 9:13).

예수님은 바알세불, 곧 귀신의 왕이 들렸다고 비난받으신 후에, 어떻게 그것이 불가능한지에 대해 설명하셨다(막 3:22-30). 예수님은 성령의 역사를 귀신의 역사로 돌리는 것이 얼마나 큰 잘못인지 그들에게 경고하셨다.

예수님은 자신에 대한 비난을 무시하고 사역을 계속하신 적도 있다. 예수님은 귀신이 들렸다는 비난을 받자(요

7:20) 그것을 무시하시고, 계속하여 안식일에 사람을 고치셨다. 예수님이 안식일에 눈먼 사람을 고치신 후에 사람들이 "이 사람이 안식일을 지키지 아니하니 하나님께로부터 온 자가 아니라"(요 9:16)고 말하자, 예수님은 그들의 말을 무시하시고 그 사람을 찾아내어 자신을 드러내셨다. 예수님의 친속들조차 예수님을 미쳤다고 했을 때(막 3:21) 예수님은 그 비난을 무시하시고, 또 다른 비난에 답하셨다.

우리가 부당한 판단을 받을 때, 때로 성령님이 그냥 넘어가게 하실 때가 있다. 나는 언제나 "여호와께서 공의로운 일을 행하시며 억압당하는 모든 자를 위하여 심판하시는도다"(시 103:6)라는 하나님의 약속에서 큰 위로를 얻는다. 우리가 하나님의 은혜로 우리에게 잘못한 자를 용서하면, 하나님은 그분의 방법으로 그분의 때에 그분의 일을 행하신다.

또 한 가지, 예수님은 자신을 비난하던 바리새인들에게 자신에 대해 전부 설명하심으로써 그들과 대면하셨다. 유대인들은 "우리 아버지는 아브라함이라"(요 8:39)고 말했다. 그때 예수님은 이렇게 대답하셨다.

> 너희는 너희 아비 마귀에게서 났으니 너희 아비의 욕심대로 너희도 행하고자 하느니라 그는 처음부터 살인한 자요 진리가 그 속에 없으므로 진리에 서지 못하고 거짓을 말할 때마다 제 것으로 말하나니 이는 그가 거짓말쟁이요 거짓의 아비가 되었음이

라 내가 진리를 말하므로 너희가 나를 믿지 아니하는도다 너희 중에 누가 나를 죄로 책잡겠느냐 내가 진리를 말하는데도 어찌하여 나를 믿지 아니하느냐 하나님께 속한 자는 하나님의 말씀을 들나니 너희가 듣지 아니함은 하나님께 속하지 아니하였음이로다(요 8:44-47).

유대인들이 예수님이 귀신 들렸다고 몰아붙였을 때 예수님은 침착하게 그 말을 부인하시고, 자신의 권위의 근원을 "아브라함이 나기 전부터 내가 있느니라"(요 8:58)는 말씀으로 설명하셨다. 그들은 돌을 들어 예수님을 치려고 했지만 예수님은 피하셨다.

바울이 자기를 고발하는 사람들 앞에서 자신의 삶과 사역에 대한 진실을 담대히 선포한 경우도 있었다(행 22-23장). 이에 대해 하나님이 어떻게 그를 인정하셨는지 보라.

그날 밤에 주께서 바울 곁에 서서 이르시되 담대하라 네가 예루살렘에서 나의 일을 증언한 것같이 로마에서도 증언하여야 하리라 하시니라(행 23:11).

예수님은 고소하는 자들 앞에서 어린양처럼 침묵하기도 하셨다. 그분은 항상 아버지가 지시하시는 대로 순종하셨기에 정해진 틀이 없었다. 성령님은 우리가 부당하게 비난받을 때 언제 잠잠하고 언제 말해야 할지 늘 우리에게 일러 주실 것이다. 요한복음 18-19장에는 예수님이 자신을 유대인의 왕이라 선포하신 후에 반역죄로 고발당하시는 장면이 나온다. 예수님은 침묵을 지키셨다. 아무 대답도 하지 않으셨다. 그리고 그 결과는 십자가에 못 박히신 것이었다.

우리도 얼마든지 성령님께 순종하여 침묵하다가 고통을 당할 수 있다. 하지만 우리는 "그 모든 행위에 의로우시며 그 모든 일에 은혜로우"(시 145:17)신 멋진 주인을 섬기고 있다. 그분은 우리가 비난하는 자들을 향해 분노를 품지 않는 한 모든 기록을 보존하시고, 우리를 분명히 변호해 주실 궁극적인 회계사이시다.

우리가 이처럼 기적적인 사랑을 믿음으로 받지 않는다면, 우리도 많은 일에서 하나님의 용서를 받지 못할 것이다. 예수님과 스데반이 아버지 하나님께 자기를 죽이는 자들의 죄를 그들의 탓으로 돌리지 마시라고 부탁할 수 있었다면, 우리도 우리를 고발하는 자를 똑같이 용서할 수 있다. 기적적인 사랑과 은혜를 믿음으로 받기를 바란다.

예수님은 모독죄로 고소를 당하신 후 계속 침묵을 지키셨다. 대제사장이 사형을 선고하자 사람들은 예수님의 얼굴에 침을 뱉고 그분을 주먹으로 쳤다. 이때도 예수님은 침묵으로 반응하셨다(마 26:62-68).

이쯤에서 잠시 멈춰 〈내 모든 소원 기도의 제목〉(찬송가 505장)이라는 찬송가를 쓴 토머스 키숌(Thomas O.

Chisholm) 목사가 드린 기도를 함께 드리자.

겸손하시고 거룩한 예수, 원수의 멸시 참으시사
우리를 위해 고난을 받은 구주를 닮게 하옵소서[2]

빌라도가 예수님의 왕권에 대해 질문했을 때, 예수님은 "내가 이를 위하여 태어났으며 이를 위하여 세상에 왔나니 곧 진리에 대하여 증언하려 함이로라 무릇 진리에 속한 자는 내 음성을 듣느니라"(요 18:37)고 분명하게 말씀하셨다. 그런데 요한복음 19장 9절에서 빌라도가 "너는 어디로부터냐"라고 물었을 때는 아무 대답도 하지 않으셨다.

예수님은 아버지의 명령에 순종하여 행하셨기 때문에 말로 대답하셨든 그냥 침묵하셨든 그분의 위엄은 언제나 굉장했다. 그것이 바로 예수님이 "내가 너를 놓을 권한도 있고 십자가에 못 박을 권한도 있는 줄 알지 못하느냐"(요 19:10)는 빌라도의 질문에 위협받지 않으신 이유다. 빌라도는 자신에게 통치권이 있다고 생각했다. 하지만 예수님은 하나님 아버지가 통치권을 쥐고 계심을 아셨다.

우리가 예수님께 완전히 굴복하면 그분은 상황이 얼마나 어렵든지 간에 우리를 전적으로 책임지신다. 얼마나 안심이 되는지!

너희는 가만히 있어 내가 하나님 됨을 알지어다(시 46:10).

대제사장들과 장로들이 예수님을 많은 죄로 고소했을 때 예수님이 총독 앞에서 심문을 받으시면서 침묵을 지키신 장면은 성경에 여러 번 나온다. 그것은 「입체로 본 그리스도의 생애」에서 누가복음 23장 2-3절, 마태복음 27장 11-14절, 마가복음 15장 2-5절을 결합시킨 부분에 잘 요약되어 있다.

> 그들이 그를 고소하기 시작하여 '이 사람이 우리 백성을 미혹하고 가이사에게 세 바치는 것을 금하며 자칭 왕 메시아라 합니다'라고 말했다. 그리고 대제사장들과 장로들이 계속하여 많은 죄목으로 그를 고소했다. 그러나 그는 아무 대답도 하지 않으셨다. 그러자 빌라도는 '아무 대답도 없느냐? 저들이 얼마나 많은 것으로 너를 고소하는지 듣지 못하느냐?'고 물었다. 그러나 예수는 여전히 그 고소 중 어느 것에도 대답하지 않으셨고, 총독은 이를 기이히 여겼다.[3]

오래전 이사야 선지자는 메시아가 오면 "그의 어깨에는 정사를"(사 9:6) 멜 것이라고 예언했다. 그 예언은 예수님이 국가 지도자와 종교 지도자들에게 재판을 받을 때도 여전히 성취되고 있었다. 왕이신 예수님은 최종 결정을 내리실 아버지께 복종하심으로써 여전히 통치하고 계셨다.

예수님이 심문을 받으시면서 잠잠하셨던 예를 두 가지

더 들어 보겠다. 성경에는 예수님이 성전을 헐고 사흘 만에 다시 지을 수 있다고 말씀하신 데 대해 대제사장에게 심문을 받는 장면이 나온다(마 26:61-63). 사실 그 말씀은 "성전 된 자기 육체를 가리켜 말씀하신 것"(요 2:21)이었다. 하지만 예수님은 사람들의 오해에 대해 한 마디도 변명하지 않으셨다. 그분은 삼위일체 하나님께만 자신을 맡기셨다. 그리고 하나님은 기대대로 아들을 변호하셨다!

또한 성경에는 예수님에게서 뭔가 이적을 볼까 기대하던 헤롯과 예수님이 대면하는 장면이 나온다(눅 23:8-9). 헤롯의 많은 질문에 대해 예수님은 또 다시 "아무 말도 대답하지 아니하"셨다.

최근 남캘리포니아 주에서 열린 영적 지도력 집회에서 성공회 신부 마이크 플린(Mike Flynn)이 강의한 내용은 매우 참신했다. 그는 하나님이 성령의 능력 가운데 움직이시려면 우리가 단지 '입을 닫아야 한다'고 열정적으로 말했다. 곧 우리가 하나님의 말씀을 듣는 시간을 더 가져야 한다는 것이다. 나는 이에 전적으로 동의한다. 그렇게 하려면 먼저 사람에 대한 두려움에서 벗어나 하나님을 경외하는 마음을 가져야 한다.

나는 하나님으로부터 오는 권위의 상당 부분이 영적 지도자들의 많은 말로 인해 흩어져 버리는 것을 본다. 요한계시록 8장 1절에 묘사된 대로 하나님이 하늘에 반 시간 동안의 완전한 침묵을 명하실 때 그들이 그 충격을 어떻게 감당할지 궁금하다.

어린양의 본을 보이신 예수님이 마지막으로 침묵하셨던 때는 십자가에 달리셨을 때다. 사람들은 그분을 조롱하며 권능을 행하여 자신을 구원하라고 외쳤지만, 왕이신 주님은 침묵하시며 당신의 온유함을 드러내셨다. 그분 옆에서 십자가에 달렸던 강도 한 명이 "네가 그리스도가 아니냐 너와 우리를 구원하라"(눅 23:39)고 비난했을 때에도 예수님은 동일한 온유함으로 침묵하셨다.

예수님은 군중 전체를 완전히 없애 버릴 만한 잠재력을 가지고 계셨지만 이 모든 끔찍한 거짓말, 부정, 마음과 몸과 영의 말할 수 없는 고통을 받으며 침묵하심으로써 온유라는 절제된 힘을 보여 주셨다.

성경은 이런 주님을 하나님의 어린양으로서 완벽하게 묘사하고 있다.

> 그는 멸시를 받아 사람들에게 버림받았으며 간고를 많이 겪었으며 질고를 아는 자라 마치 사람들이 그에게서 얼굴을 가리는 것같이 멸시를 당하였고 우리도 그를 귀히 여기지 아니하였도다 그는 실로 우리의 질고를 지고 우리의 슬픔을 당하였거늘 우리는 생각하기를 그는 징벌을 받아 하나님께 맞으며 고난을 당한다 하였노라 그가 찔림은 우리의 허물 때문이요 그가 상함은 우리의 죄악 때문이라 그가 징계를 받으므로 우리는 평화를 누리고 그가 채찍에 맞으므로 우리는 나음을 받았도다 우리는 다

양 같아서 그릇 행하여 각기 제 길로 갔거늘 여호와께서는 우리 모두의 죄악을 그에게 담당시키셨도다 그가 곤욕을 당하여 괴로울 때에도 그의 입을 열지 아니하였음이여 마치 도수장으로 끌려가는 어린양과 털 깎는 자 앞에서 잠잠한 양 같이 그의 입을 열지 아니하였도다 그는 곤욕과 심문을 당하고 끌려갔으나 그 세대 중에 누가 생각하기를 그가 살아 있는 자들의 땅에서 끊어짐은 마땅히 형벌 받을 내 백성의 허물 때문이라 하였으리요 그는 강포를 행하지 아니하였고 그의 입에 거짓이 없었으나 그의 무덤이 악인들과 함께 있었으며 그가 죽은 후에 부자와 함께 있었도다(사 53:3-9).

이렇게 명료하게 드러난 주님의 겸손과 초자연적 사랑에 대해 우리가 드릴 유일한 반응은 예배와 감사와 찬양뿐이다. 우리는 시편 기자와 함께 강한 확신으로 다음과 같이 고백해야 한다.

내 영혼아 여호와를 송축하라 내 속에 있는 것들아 다 그의 거룩한 이름을 송축하라 내 영혼아 여호와를 송축하며 그의 모든 은택을 잊지 말지어다 그가 네 모든 죄악을 사하시며 네 모든 병을 고치시며(시 103:1-3)

여호와여 영광을 우리에게 돌리지 마옵소서 우리에게 돌리지 마옵소서 오직 주는 인자하시고 진실하시므로 주의 이름에만 영광을 돌리소서(시 115:1).

나의 귀한 구원자 되신 주님은 내가 다섯 살 때 그분을 믿은 이래로 내 모든 회개를 받아 주셨다. 그리고 십자가의 보혈로 수없이 많이 내 몸을 고쳐 주셨다. 하나님께 얼마나 감사한지… 오래된 찬송가를 부르며 나의 전적인 신뢰를 표현하고 싶다.

> 오, 주님. 나의 무엇 됨이 아닌 당신이 누구신지가
> 그것만이 내 영의 진정한 안식
> 나의 사랑 아닌 당신의 사랑이 두려움과 의심을 떠나게 하고
> 내 상처 입은 마음의 아픔 잠잠케 하시네
> 당신의 이름은 사랑, 십자가에서 들리네
> 당신의 이름은 생명, 빈 무덤에서 보이네
> 모든 덜한 사랑은 소멸될 찌꺼기
> 이것만이 삶의 가장 짙은 어둠 지나는 내 빛 되리니
> 주 하나님, 내 영을 평안으로, 내 삶을 노래로 채우는 분은
> 내가 아는 당신뿐
> 당신은 내 건강, 내 기쁨, 내 지팡이, 내 막대기
> 당신께 의존하여 약함 속에 강하네[4]

Jesus
The Model

9장

최고의 권세를 지니신 예수

      이 책을 마무리하면서 예수님의 권세와 주권을 다시 한 번 강조하고자 한다. 그분은 정말로 온 우주를 다스리시고 통치하시는 주권자이시기 때문이다. 사실 우리에게 숨이 붙어 있는 유일한 이유도 그분이 그것을 허락하시기 때문이다.

> 모든 생물의 생명과 모든 사람의 육신의 목숨이 다 그의 손에 있느니라(욥 12:10).

예수님은 모든 것을 시작하셨고, 최후의 결정을 내리실 것이다.

> 주 하나님이 이르시되 나는 알파와 오메가라 이제도 있고 전에

도 있었고 장차 올 자요 전능한 자라 하시더라(계 1:8).

그분에게는 경쟁 상대가 없다.

우리 주 하나님이여 영광과 존귀와 권능을 받으시는 것이 합당하오니 주께서 만물을 지으신지라 만물이 주의 뜻대로 있었고 또 지으심을 받았나이다 하더라(계 4:11).

주님은 무패의 챔피언이시다.

여호와께서 용사같이 나가시며 전사같이 분발하여 외쳐 크게 부르시며 그 대적을 크게 치시리로다(사 42:13).

시편에서 다윗 왕의 고백을 보면, 그는 우리 하나님의 전적인 우월과 절대적 주권의 개념을 잘 이해했던 것 같다.

주여 신들 중에 주와 같은 자 없사오며 주의 행하심과 같은 일도 없나이다 주여 주께서 지으신 모든 민족이 와서 주의 앞에 경배하며 주의 이름에 영광을 돌리리이다 무릇 주는 위대하사 기이한 일들을 행하시오니 주만이 하나님이시니이다(시 86:8-10).

신명기 말씀도 들어 보라.

이제는 나 곧 내가 그인 줄 알라 나 외에는 신이 없도다 나는 죽이기도 하며 살리기도 하며 상하게도 하며 낫게도 하나니 내 손에서 능히 빼앗을 자가 없도다(신 32:39).

예수 그리스도는 변하지 않고 멸하지 않는 영원한 왕국을 갖고 계신다.

그의 나라는 영원한 나라요 그의 통치는 대대에 이르리로다(단 4:3).

그는 살아 계시는 하나님이시요 영원히 변하지 않으실 이시며 그의 나라는 멸망하지 아니할 것이요 그의 권세는 무궁할 것이며(단 6:26)

그분을 당황하게 하는 것은 아무것도 없다. 그분은 조금도 동요되지 않으신다. 그분에게 지나친 짐이란 절대로 없다. 그분에게는 잠이 필요없다. 그분은 모든 힘의 근원이시다. 그분은 모세에게 자신을 '스스로 있는 자'라고 소개하셨다. 이 말은 그분이 모든 것, 곧 언제든 당신과 내가 필요로 할 만한 모든 것이라는 뜻이다!

당신은 "그건 분명 대단한 것이고, 난 그 말을 믿어요. 하지만 그 사실이 현재를 사는 내 일상과 어떤 관련이 있나요? 지금 내가 어려운 상황에 있는 것과 무슨 상관이 있죠?"라고 의문을 제기할지도 모르겠다. 좋은 질문이다. 위엄 있으시고 전능하신 왕은 자신이 창조한 수십억의 피조물의 일들에는 무관심한, 우주 저 멀리에 존재하는 어떤 거대한 힘이 아니다.

예수 그리스도는 우리가 내려야 할 큰 결정과 위기의 순간뿐 아니라 우리 삶의 가장 사소한 부분까지도 몸소 관여하시고, 지극한 관심을 보이신다. 그분은 세계 모든 언어와 방언으로 동시에 드려지는 무수한 기도를 모두 들으시고 응답하신다. 그분은 언제나 우리에게 시간을 내어 주시고, 시간과 공간에 제한받지 않으신다. 이것은 상상을 넘어서는 것이다.

우리처럼 흙으로 만들어진 하찮고 유한한 피조물은 무소부재하고 전지전능하신 분, 그 깊이를 헤아릴 수 없는 사랑의 하나님을 이해하지 못한다(시 147:5). 그러면 당신은 일상생활에서 그분의 주권이 어떻게 작용하는지 알려 달라고 할지 모르겠다. 좋다. 그러면 지금까지 내가 말해 온 것을 증명하기 위해 삶의 아주 사소한 부분에까지 내려가 보겠다.

나는 국제 성경교사로서 주로 강단과 TV 프로그램을 통해 사역하고 있다. 나는 내 외모의 어느 부분도 주님의 말씀을 방해하는 요소가 되지 않기를 바란다. 그래서 강의 일정에 맞춰 떠나기 직전에, 가느다란 내 머리칼이 내가 원하는 모양대로 되게 해 달라고 기도한다. 나는 예수님이 무슨 일이든 하실 수 있고 또 모든 일에 관심을 기울이고 계심을 알기 때문에 단순한 어린아이 같은 믿음으로 그렇게 될 것을 믿고 감사드린다. 그리고 예외 없이 매번 나의 헤어스타일은 필요에 맞게 정리된다.

성경은 하나님이 우리 머리카락의 개수까지 아신다고 말한다(마 10:30). 그것은 모든 것을 아시는 그분의 전지(全知) 가운데 하나다. 나는 또한 그것이 내 머리카락을 배열하여 내 외모가 하나님의 성품을 반영할 수 있도록 하시는 능력, 곧 그분의 전능하심의 일부라고 생각한다.

나는 물건을 잃어버리면 즉시 하나님께 다시 찾게 도와달라고 기도한다. 그런 기도의 응답에 관해서 책 한 권을 쓸 수 있을 정도다.

내 삶은 일상 속에서 우주를 창조하신 분의 초자연적 간섭을 경험하는 끝없는 모험이다. 앞에서 이미 언급했듯이 기도란 하나님을 모든 상황 속에 모셔 들이고, 그분이 모든 자연적인 것을 초자연적인 것으로 바꾸어 모든 영광을 얻으시도록 구하는 것이다.

우리가 최근 주님의 제자로 훈련시키고 있는 이란 가족에게서 들은 이야기가 있다. 메리의 남편 카르미는 아내에게 매달 생활비 명목으로 2,500달러를 주었다. 그런데 한번은 메리가 그 돈을 어디에 두었는지 몰라서 당황했던 적이 있다고 한다. 메리는 3일 동안 집안 곳곳을 샅샅이 뒤졌다. 하지만 결국 찾지 못하고 카르미와 함께 그

돈이 어떻게 되었는지 알려 달라고 기도했다.

3일째 되던 날, 메리는 직장에서 일하다가 성령님이 잃어버린 돈에 대해 조용히 말씀하시는 것을 들었다. "신발들 사이에서 돈을 찾아라."

그녀는 집에 돌아오자마자 신발장에 있는 신발들을 일직선으로 놓았다. 그런데 아니나 다를까, 그녀의 한 신발 안에 정확히 2,500달러가 들어 있었다! 메리는 그 돈이 도대체 어떻게 해서 거기에 들어갔는지 전혀 감이 안 잡힌다고 했다.

그러나 한 가지 아는 것은, 하나님은 놀랄 만큼 현실적이시며, 그분의 자녀들에 대한 관심과 염려와 지식이 무궁하시다는 것이다. 그것은 우연의 일치가 아니라 하나님의 사건이다. 얼마나 멋진 하나님이신가!

> 하나님 같은 이가 없도다 그가 너를 도우시려고 하늘을 타고 궁창에서 위엄을 나타내시는도다(신 33:26).

이쯤에서 잠시 멈춰 그분께 찬양을 드리자.

> 선포하리 주 위엄 높으신 주의 이름 찬양해
> 주의 크고 놀라우신 힘과 능력이 온 땅 위에 나타나셨네
> 전능의 주 찬양합니다 거룩하신 주 이름 높이며
> 영광의 주 그 보좌 앞에 다 무릎 꿇고 주 경배합니다.[1]

하나님을 초청해 당신의 삶을 그분이 통치하시도록 맡기지 않겠는가? 그분께 자신을 다 드려라. 주 예수님께 당신의 죄를 용서해 달라고 구하라. 그분이 십자가에서 당신을 위해 죽으셨을 때, 그 죄에 대한 형과 벌을 다 가져가셨음에 감사하라. 그분을 초청하여 당신 마음속에 그분이 거하시게 하라.

> 영접하는 자 곧 그 이름을 믿는 자들에게는 하나님의 자녀가 되는 권세를 주셨으니(요 1:12)

이 말씀을 기억하고, 그분이 그렇게 하실 것을 믿고 감사하라.

예수 그리스도의 주 되심에 완전히 순복하는 것이 우리 삶의 가장 큰 유익이다. 그것은 우리가 알고 있는 모험 중 가장 큰 모험이다. 하나님의 성품과 그분을 따르는 길을 알고, 그것을 성령님의 능력으로 다른 이들에게 알리는 것보다 더 큰 영적 야망은 없다.

성령님이 우리로 아름다운 주 예수 그리스도의 형상을 닮아 가게 하실 것이다. 그것만이 성취로 가는 유일한 통로다. 다른 모든 것은 실패요, 좌절이다. 이 목표를 나와 함께 추구하지 않겠는가? 이 글을 읽는 여러분이 그렇게 하기를 간절히, 뜨겁게 기도한다.

〈내 모든 소원 기도의 제목〉

내 모든 소원 기도의 제목 예수를 닮기 원함이라
예수의 형상 나 입기 위해 세상의 보화 아끼잖네

무한한 사랑 풍성한 긍휼 슬픈 자 위로하시는 주
길 잃은 죄인 부르는 예수 그 형상 닮게 하옵소서

겸손하시고 거룩한 예수 원수의 멸시 참으시사
우리를 위해 고난을 받은 구주를 닮게 하옵소서

예수를 닮기 내가 원하네 날 구속하신 예수님을
내 마음속에 지금 곧 오사 주님의 형상 인치소서[2]

〈예수를 닮기를〉

예수를 닮기를, 예수를 닮기를
내 구하는 모든 것, 예수를 닮기를
인생의 여정 길, 이 땅에서 영광까지
내 구하는 모든 것, 예수를 닮기를[3]

주

1장

1) Johnston M. Cheney. *The Life of Christ in Stereo*. Sisters, OR: Multnomah, 1984.

2장

1) 이 강의 주제를 담은 테이프는 로스앤젤레스에 있는 국제 YWAM을 통해 주문할 수 있다.
2) Joy Dawson. *Forever Ruined for the Ordinary*. 「하나님의 음성을 듣는 삶」(예수전도단).
   이 책에서 나는 하나님이 왜 우리 기도에 대한 응답을 늦추시는지에 대해 32가지 이유를 들었다. 그러면 나는 어떻게 그것을 알았을까? 나는 책을 읽고 그 자료를 얻어 내지 않았다. 이 책 전체는 예수님과 함께 걷고 그분처럼 되기를 원하며 그분을 기다리는 것을 삶의 방식으로 삼아 온 내 삶에서 비롯되었다.
3) 같은 책. 하나님이 그분의 자녀들에게 그분의 마음과 생각을 전달하시는 24가지 방법을 소개했다.
4) Joy Dawson. *Intercession, Thrilling and Fulfilling*. 「스릴있고 성취감 넘치는 중보기도」(예수전도단).
5) Joy Dawson. *Influencing Children To Become World Changers*. 「아이들에게 물려줄 최고의 유산」(예수전도단).
6) Joy Dawson. *Intimate Friendship with God*. 「하나님을 경외하는 마음」

(예수전도단).

3장

1) Johnston M. Cheney. *The Life of Christ in Stereo.* Sisters, OR: Multnomah, 1984.
2) 이 강의 내용은 내가 전한 말씀 중 가장 능력 있는 말씀이었다. 그 후 속으로 "어떻게 잃어버린 자들에 대해 마음에 부담을 갖는가?"라는 제목의 강의도 있다(둘 다 다음 주소로 강의 테이프 주문이 가능하다. Youth With A Mission, 11141 Osborne Street, Lake View Terrace, California 91342, USA).

4장

1) Joy Dawson. *Intimate Friendship with God.* 「하나님을 경외하는 마음」(예수전도단).
   이 책은 하나님을 경외하는 마음이 어떻게 우리 삶의 전 영역에 영향을 미치는지 보여 주고 있다.

5장

1) Joy Dawson. *Intimate Friendship with God.* 「하나님을 경외하는 마음」(예수전도단).
2) Joy Dawson. *The Fire of God.* 「삶을 변화시키는 하나님의 불」(예수전도단).
3) Joy Dawson. *Intercession, Thrilling and Fulfilling,* ch.3. 「스릴있고 성취감 넘치는 중보기도」(예수전도단).

6장

1) Joy Dawson. *Forever Ruined for the Ordinary.* 「하나님의 음성을 듣는 삶」(예수전도단).
2) John W. Peterson. <Make Me a Winner of Souls>. John W. Peterson

Music Company, 1953; Joy Dawson. *Intercession, Thrilling and Fulfilling*, ch.3.「스릴있고 성취감 넘치는 중보기도」(예수전도단).

7장

1) "하나님의 관점에서 본 부도덕"(Immorality from God's Viewpoint)이라는 내 강의 테이프에는 지도자들이 잘못을 범한 사람들의 죄를 어떻게 다루어야 하는지에 관한 성경적 원칙이 나와 있다. 또한 "가짜, 모순, 그리고 위선"(Phoneyism, Inconsistency and Hypocrisy)이라는 강의 테이프에는 사람들이 죄에 빠지지 않도록 강력하게 막아 줄 말씀이 있다.

8장

1) Norman J. Clayton. <For All My Sin>. Wordspring Music, LLC., 1971.
2) Thomas O. Chisholm. <O to Be Like Thee>.
3) Johnston M. Cheney. *The Life of Christ in Stereo*. Sisters, OR: Multnomah, 1984.
4) 제목, 작가 미상.

9장

1) Malcolm Du Plessis. <We declare Your Majesty>. Maranatha Praise, Inc., 1984.
2) Thomas O. Chisholm. <O to Be Like Thee>.
3) L. C. Hall. <To Be Like Jesus>.

역자 **양혜정**

1987년 이화여자대학교 재학 중 캐나다로 이민. University of British Columbia에서 언어학을 공부했다. Simon Fraser 대학 ESL 영어교사학과를 졸업하고 캐나다 연방정부 이민자 영어 프로그램 교사로 일했으며, 현재 남편과 함께 안디옥 선교훈련원에서 사역하고 있다. 역서로는 「묵상하는 그리스도인」, 「태도를 바꾸면 성공이 보인다」(이상 예수전도단) 등이 있다.

내가 닮고 싶은 예수

지은이   조이 도우슨
옮긴이   양혜정

2007년 12월 4일 1판 1쇄 펴냄
2023년 2월 25일 1판 13쇄 펴냄

펴낸곳	도서출판 예수전도단
출판 등록	1989년 2월 24일 (제2-761호)
주소	서울특별시 관악구 신림로7나길 14
전화	02-6933-9981 · **팩스** 02-6933-9989
이메일	ywam_publishing@ywam.co.kr
홈페이지	www.ywampubl.com

ISBN 978-89-5536-271-8
책값은 뒤표지에 있습니다.

본 저작물의 한국어판 소유권은 도서출판 예수전도단에 있습니다.
잘못된 책은 바꾸어 드립니다.